リスクコミュニケーションの現場と実践

宇於崎 裕美 著

経営書院

はじめに

　さまざまな分野でリスクコミュニケーションに携わる研究者や事業者が「袋小路」に陥っています。業種の壁が厚く、各組織でリスクコミュニケーションに携わる人々の間には交流がほとんどありません。リスクコミュニケーションについての経験やノウハウは共有されておらず、それぞれが自分たちの専門分野の狭い範囲だけで苦労しています。

　私は、企業広報と危機管理広報のコンサルタントという立場で、複数の自治体や企業のリスクコミュニケーションの現場に立ち会ってきました。また、大学や学会の活動を通してリスクに関する研究者との話をする機会がありました。そこで、気づいたことがあります。業種や分野がちがう組織のリスクコミュニケーション担当者たちには、横のつながりがないのです。

　多くの研究者や事業者にとって、リスクコミュニケーションしたい相手は、実は同じです。子育て中の若い世代やリタイア後の高齢者を含む“普通の生活者”です。それなのに、異業種、他地域との交流がないために、リスクコミュニケーションの担当者は、それぞれが常に試行錯誤を繰り返し、膨大なエネルギーを使い、疲れ果てているように見えます。もしかすると、ある業界で長年蓄積されたノウハウが、ぜんぜ

ん違う分野で役に立つかもしれないのに、経験値の共有は実際には行われていません。

　そこで、私は異業種・異分野のリスクコミュニケーションの実態を取材し、横断的に紹介することが社会の役に立つのではないかと考え、また、様々な事例について報道しているメディアの意見も参考になるのではないかと思いました。さっそく、私はリスクコミュニケーションにおいて成果を上げている専門家と記者に会い、現場の苦労と工夫についての生の声を集め、さらに、その取材の場で交わした意見と、私独自の考えをまとめました。

　なお、安全性と感情の関係を考察するため、虫を食べた話など私の個人的体験を紹介した「コーヒーブレーク」をところどころにはさみました。シリアスな話が続く中で、読者の皆さんにはここで息抜きをしていただければ幸いです。

宇於崎裕美

目　次

はじめに……………………………………………………… 1

第1章　リスクマネジメントとしての
　　　　　コミュニケーション………………………… 7

○リスクコミュニケーションと
　クライシスコミュニケーション……………………… 7
○リスクコミュニケーションとは……………………… 7
○クライシスコミュニケーションとは………………… 9
○リスクコミュニケーションとクライシス
　コミュニケーション、それぞれの役割……………… 9

第2章　リスクコミュニケーションの
　　　　　行きつく先は……………………………… 12

第3章　リスクコミュニケーションの現場………… 15

○現場は一筋縄ではいかない………………………… 15
○やりようはある、だからあきらめてはいけない！…… 17

第4章　食のリスクコミュニケーション……………19

- ○食の安全と安心を科学する会（SFSS）の
  ミッション………………………………………………20
- ○いまだに消えないリスク誤認………………………23
- ○コミュニケーション手法の問題……………………26

コーヒーブレーク　日々是トレードオフ……………42

第5章　保育園のリスクコミュニケーション………44

- ○保育園のリスコミの特徴1―目的と対象が明確……45
- ○保育園のリスコミの特徴2－毎日が勝負……45
- ○リスクは3種類………………………………………47
- ○新しいリスクにはサイエンスが効く！……………51
- ○科学的評価とは別のリスクに対する価値観………53
- ○合理的コミュニケーションはうまくいかない……54
- ○議論は勝つか負けるかの対立構造を生む…………55
- ○科学より感情…………………………………………56
- ○パースエイシブ・コミュニケーションという
  アプローチ………………………………………………57
- ○要は行動が変わればいい……………………………59
- ○大事なのはボーダーラインの人々…………………60
- ○本来の仕事のために何が大切か見極める…………62

○価値を侵害されるようなリスクは
　　　取り込むべきではない………………………… 63
　　○保育の安全研究・教育センターの活動……………… 65
コーヒーブレーク
　　科学的に安全であっても好きにはなれない………… 68

第6章　リスクコミュニケーションにおける
　　　　　メディア対応…………………………… 70

　　○リスクコミュニケーションにおける
　　　メディアの影響力………………………………… 72
　　○自分から記者に話しかけること……………………… 74
　　○記者を知る………………………………………… 76
　　○記者にコンタクトする……………………………… 76
　　○各新聞社に5人の友達を持とう！…………………… 78
　　○何をすべきか、10のアクション…………………… 78
コーヒーブレーク
　　「わかりやすく」は「詳しく」ではない……………… 92

第7章　リスクコミュニケーションの本質………… 94

　　○リスクコミュニケーションにはいろいろなパターンが
　　　ある…………………………………………… 95
　　○コミュニケーションとは人生をよりよくしたいという
　　　活動……………………………………………… 99

○担当者の権限と義務を明確に‥‥‥‥‥‥‥‥‥‥‥ 101
　○リスクコミュニケーションは魔法の杖ではない‥‥‥ 103
　○自分の苦労を分析しよう‥‥‥‥‥‥‥‥‥‥‥‥‥ 104
　○お化粧はするな、ありのままを示せ‥‥‥‥‥‥‥‥ 105
　○いい成果を出すためには正しく問うことが大切‥‥‥ 106
コーヒーブレーク　不安の大きさを決める方程式‥‥‥‥ 111

第8章　一から始めるリスクコミュニケーション
　　　　―私ならこうする‥‥‥‥‥‥‥‥‥‥‥‥‥ 113

1．今やろうとしているリスクコミュニケーションの意味は何か考える‥‥‥‥‥‥‥‥‥‥‥‥‥‥‥‥‥‥‥‥‥ 113
2．自分の役割を確かめる‥‥‥‥‥‥‥‥‥‥‥‥‥‥ 114
3．リスクコミュニケーションで伝えたいメッセージはなんなのか確かめる‥‥‥‥‥‥‥‥‥‥‥‥‥‥‥‥‥‥ 114
4．リスクコミュニケーションの対象は誰か見極める‥‥ 115
5．メッセージを伝えるための資料やツールを整える‥‥ 115
6．メッセージを直接、対象者に伝えるための方法を考え、実行する‥‥‥‥‥‥‥‥‥‥‥‥‥‥‥‥‥‥‥‥‥ 115
7．メディア報道を通してメッセージを伝える‥‥‥‥‥ 116
8．対象者が何を思って何を考えているのか聞く、調べる‥ 116
9．反対、不満、不安に対する対応策を考え、備えておく‥ 117
10．理解者を作る、仲間を増やす‥‥‥‥‥‥‥‥‥‥‥ 117
おわりに‥‥‥‥‥‥‥‥‥‥‥‥‥‥‥‥‥‥‥‥‥‥ 121

第 1 章
リスクマネジメントとしてのコミュニケーション

○ リスクコミュニケーションとクライシスコミュニケーション

リスクマネジメントには2種類の「コミュニケーション」があります。一つは「リスクコミュニケーション」、もう一つが「クライシスコミュニケーション」です。

平時において大切なのが「リスクコミュニケーション」です。一方、災害や事件・事故が起きてしまった瞬間から終息までの間、必要なのが「クライシスコミュニケーション」です。どうちがうのか、下記にまとめます。

○ リスクコミュニケーションとは

リスクコミュニケーションとは「事業者が地域の行政や住民と情報を共有し、リスクに関するコミュニケーションを行うこと」を指します。たとえば、

・工場見学会を開く
・原子力発電所の見学会を開く
・日常の苦情に対応する
・化学物質の環境リスクについて報告書を作成する
・ハザードマップを配る
・避難訓練をする

などが、身近なリスクコミュニケーションです。

　リスクコミュニケーションは、一方的に情報を発信することではなく、双方向のコミュニケーションです。意見交換や議論も含まれており、反対意見が出ている状態が続いても、それはそれでよいのです。そもそも、リスクコミュニケーションの「コミュニケーション」という言葉に「相手を説得する」「相手を自分の都合のよい方向に向かわせる」という意味はありません。つまり、リスクコミュニケーションの目的は、説得や合意形成ではないのです。事業者の中には、この点について誤解している人も多いと思います。

　事業者がリスクコミュニケーションに着手するときには、どうしても、地域住民や消費者といったステークホルダー（利害関係者）の説得や、ステークホルダーとの合意を目指しがちです。しかし、「コミュニケーション」という言葉の本来の意味からするとそれは違います。市民・消費者に影響が及ぶ可能性のあるリスクを洗い出したうえで、リスクについての情報を共有し、共に対応を考え、意見交換し続けるこ

と、それがリスクコミュニケーションです。はっきり言って、終わりはないということです。

リスクコミュニケーションが目指すべきは、合意でも説得でもなく「信頼関係の構築」です。ステークホルダーとの間で、たとえ意見対立があったとしても、あきらめずに地道にコミュニケーションし続けること。あきらめずにお互いの意見や感情を伝え合い関わりを持ち続けることで、立場が違う者との間でも信頼関係が生まれます。「全面的に賛同はできないが、あいつの言うことにも一理ある。あいつは正直だ」と、相手に対するリスペクトが生まれます。

○ クライシスコミュニケーションとは

クライシスコミュニケーションは、リスクが顕在化しクライシスになったとき、つまり事件・事故あるいは災害が起きたときの活動です。クライシスコミュニケーションとは、クライシスにより事業者が危機的状況に陥ったときのコミュニケーション活動全般を指します。わかりやすい例としては、事故が起きたときの謝罪記者会見や、学校で問題が起きたときの保護者説明会が挙げられます。

○ リスクコミュニケーションとクライシスコミュニケーション、それぞれの役割

リスクコミュニケーションとクライシスコミュニケーショ

ンは違います。私はよく、この二つのコミュニケーションの関係を医療行為に例えて説明します。

　リスクコミュニケーションは、予防医療や健康管理に似ています。まだ、おおごとになっていない状態で行う行為です。大病や大けがをしないように、予防医療も健康管理も続けなくてはなりません。事故や事件、あるいは災害が起きなくても、事業者はふだんからリスクコミュニケーションを行わなくてはならず、終わりはありません。

　一方、事件・事故、あるいは災害発生直後のクライシスコミュニケーションは、救命救急医療のようなものです。救命救急活動でもたもたしていると人が命を落とします。クライシスコミュニケーションがスムースにできなければ、風評被害などで会社が倒産してしまいます。クライシスコミュニケーションも救命救急活動も、突然必要となりますが、完了の時点がわかりやすいという特徴があります。わかりやすく表現すると一瞬の勝負とも言えます。ただし、いざというとき素早く行動するためには、マニュアルや普段の訓練は不可欠です。

　人間が健やかに長生きするためには、予防医療と救命救急医療の両方が必要です。同様に、事業者の組織が継続的に発展していくためにもリスクコミュニケーションとクライシスコミュニケーションの両方が大切です。

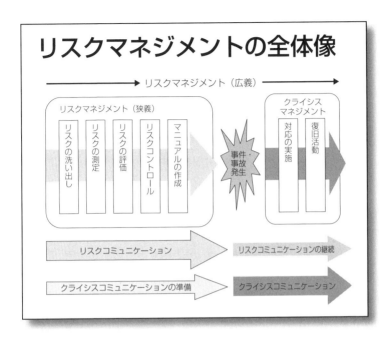

第 2 章
リスクコミュニケーションの行きつく先は

　リスクコミュニケーションはつかみどころがありません。日本においては東日本大震災以降、リスクコミュニケーションの重要性について広く認識されるようになりました。しかし、その目的について、実は共通の認識はありません。多くの企業はリスクコミュニケーションの目的を「合意の形成」だと思っています。しかし、本来、リスクコミュニケーションは、「リスクについて、情報や意見を交換する過程」(世界保健機関(WHO)の定義。傍点は筆者)であり、目的は「信頼関係の構築」であるとコミュニケーションの専門家は言います。

　消費者や地域住民との合意の形成ではないというのは、企業人にとってはかなり理解しにくいことのようです。「では、なんのためにリスクコミュニケーションをするの?」「合意がとれなければ、事業計画が頓挫してしまうじゃないか!」

と、企業の人たちは頭を抱えてしまいます。

　私は、リスクコミュニケーションの理想的な到達点は、価値観の違う人間同士が同じコミュニティで、憎しみの感情を持たずに暮らしている状態なのではないかと思っています。わかりやすくいうと、性格も趣味も考え方もぜんぜん違う家族が、ときどき口げんかをしながらも同じ家に暮らしている状態です。まったく性格や価値観が違っていても、仲の良いカップルや親子は世の中にたくさんいます。家族がバラバラで普段、別々に暮らしていて、さらに「お父さんなんて大嫌い」とか言っていながら、地震や台風のときには安否を確認しあい、互いの無事を喜ぶというようなこともあるでしょう。いつも相手が何をしているのか気になってしょうがない。それでいて、顔を合わせれば言い争いになる。でも決裂はしない。実は心のどこかで、相手をリスペクトし信頼している。そして、家族としての生活は営まれていく。それがリスクコミュニケーションの"現実的な"理想の状態ではないかと思います。家族関係ほど濃密ではなくても、アニメのトムとジェリーのようにちがう生き物同士が♪仲良くケンカする♪ような関係はありえるのではないでしょうか。世の中のリスクを巡って、立場の違う企業や行政、消費者や地域住民が、このような関係になることを私は期待しています。

　また、今は「ダイバーシティ」（多様性）が求められ、それが尊ばれる社会です。リスクコミュニケーションの考え方

や方法論は、ダイバーシティとともに生きるこれからの人々にとって必要不可欠なのではないかと私は考えます。

　ダイバーシティ社会では、日常の様々な場面で違う価値観がぶつかりあいます。そのとき、いちいちけんかをしていては疲れてしまいます。考え方や価値観の違う者たちが、同じ空間で同じ時をいっしょに生きていかねばならないのですから、互いを攻めて傷つけあうよりは、なんとかうまくやっていったほうがいいわけで、それはまさしく今、企業や自治体などの事業者が消費者や地域住民との間でやろうとしているリスクコミュニケーションと同じです。

　多様化が進む社会に生きている私たちにとって、リスクコミュニケーションについての考え方やよりよい進め方を知っておくことは、別に組織の中のリスクコミュニケーション担当者でなくても必要なことだといえます。

第 3 章

リスクコミュニケーションの現場

　リスクコミュニケーションの現場で何が行われているのか、これからリスクコミュニケーションを始める場合、何に注意すべきか、異なる分野の専門家4名からお話をお聞きしました。目からうろこのアドバイスや、非常に具体的な手法を伝授いただきました。

　さて、4名の専門家の方々とお話しして、改めて気づいたことがありました。まずはそれらをまとめてご紹介します。

○　現場は一筋縄ではいかない

　皆さんのお話を総合すると、リスクコミュニケーションを行うにはまずは、以下の3つについて覚悟せねばならないということがわかりました。

1．現場は地道で泥臭い

　予想されたことですが、リスクコミュニケーションを真剣に行うということは、やはり地道で泥臭い作業を積み重ねていくことなのだということです。これだけやればOKというような秘密の技はどうやらなさそうだと覚悟を決めなくてはなりません。

2．本質は何か、問い続けなくてはならない

　リスクコミュニケーションの目的は、相手を説得するとか合意を得ることではないと前述しました。だからと言って、意味もなく意見交換だけを続ければよいというものではありません。単に担当になったから、上から言われたからではなく、「なぜ、自分たちはリスクコミュニケーションを行わなくてはならないのか」「今日、この話し合いの場はなんのためにあるのか」という、本質的な問いかけを常に行わなくてはなりません。これはかなり面倒くさそうですね。

3．科学で説明つくことや議論には限界がある

　科学的説明をいくら重ねてもわかってもらえないことがあります。いくら議論をしても溝が埋まらない場合もあります。
　ではどうすればよいのでしょうか・・・安心してください。専門家の方々から具体的な方法論や事例をいくつも引き出しました。

◯ やりようはある、だからあきらめてはいけない！

　特定非営利活動法人　食の安全と安心を科学する会の山崎毅理事長には、「食のリスクコミュニケーション」について語っていただきました。わかりやすい展示パネルの作り方や、メディアへの働きかけの実例、シンポジウムの運営やHPでの情報発信の具体例を豊富にご提示いただきました。成功事例として、豊洲移転問題についての記者会見のこともうかがいました。(⇒第4章参照)

　特定非営利活動法人　保育の安全研究・教育センターの掛札逸美・代表理事には、「保育園のリスクコミュニケーション」についてご紹介いただきました。保護者との日々の会話の仕方や、手紙の書き方、サイレントマジョリティともいうべき中間層の人々の重要性とその人たちへのアプローチの仕方等について、心理的な裏付けに基づきご説明いただきました。(⇒第5章参照)

　毎日新聞生活報道部の小島正美編集委員は「リスクコミュニケーションにおけるメディア対応」についてお教えくださいました。なぜメディアが重要なのか解説していただき、さらに、リスクコミュニケーションを行うとき、メディアに対する「何をすべきか、10のアクション」を、非常に具体的に実例を交えて伝授していただきました。(⇒第6章参照)

　国立大学法人横浜国立大学　野口和彦リスク共生社会創造

センター長には「リスクコミュニケーションの本質」についてご教授いただきました。リスクコミュニケーション担当者の苦悩の根本原因に迫る分析と、考え方の整理の仕方をご教示いただきました。そして、「いい成果を出すためには正しく問うことが大切である」ことを教わりました。(⇒第7章参照)

　本書ではいずれの章でも、実践的な考え方と具体的方法について紹介しています。

第 4 章

食のリスクコミュニケーション

　科学的に中立で正確な食のリスク情報を市民に対して発信することをミッションとする特定非営利活動法人食の安全と安心を科学する会（Science of Food Safety and Security, 略称：SFSS）の活動をご紹介します。私はリスクコミュニケーションの勉強のために、SFSSの「食のリスクコミュニケーション・フォーラム」にたびたび聴衆として参加しています。年4回行われる「食のリスクコミュニケーション・フォーラム」では、山崎毅（やまさきたけし）理事長が司会をなさっておられます。山崎先生は、専門家であるパネリストだけではなく会場に集まった一般参加者からもうまく意見を引き出し、冷静かつ活発な議論の推進役を務めておられます。私はフォーラムに参加するたびに、先生がにこやかに場を盛り上げる様子に感銘を受けています。

　獣医師で獣医学博士の山崎先生は、食肉や野菜、穀物など

の農産物から食品添加物、GM作物（遺伝子組換え作物）、残留農薬に放射線まで食に関するあらゆるリスクについて深い見識と広い人的ネットワークをお持ちで、一般消費者の安全と安心のためにリスクコミュニケーション活動を地道に行っておられます。私が思う山崎先生の強みは、ご本人がグッド・コミュニケーターであることです。先生自身が話し上手で難しいことでも分かりやすく解説してくださいます。お人柄に親しみを感じた私は、思い切って山崎先生にメールで取材を申し込みました。そうしたところ、わずか3時間後に返信をいただきました。レスポンスが早いということも、他者とのコミュニケーションを円滑にするための重要なポイントですね。先生は私の要望を快く受けてくださり、最初のメールから10日後に取材が実現しました。ある日の午後、私は東京大学農学部フードサイエンス棟のSFSS本部事務局を訪ね、山崎先生からお話をうかがいました。

○ 食の安全と安心を科学する会（SFSS）のミッション

SFSSは、「食の安全と安心の最適化」のために食に関するリスクコミュニケーション活動を実践・推進し、同時にそのリスクコミュニケーションの手法（あり方）についても食品行政、食品事業者（民間企業）、アカデミア、マスメディア、消費者や市民らとフォーラムを開催して議論をします。その

議論を通して、できるだけ消費者の「食の安心」につながる理想的なリスクコミュニケーションの手法の習得を目指しているとのことです。ミッション（使命）としては、以下の3つを掲げておられます。

1．国内外の生活者に対して「食の安全と安心」に関する情報を中立的かつわかりやすく提供する。
2．そのための研究推進と学術啓発活動を行う。
3．上記活動をもって生活者の「食の安全と安心」を守り、それに伴う産業界の健全な繁栄に寄与することを目的とする。

（SFSSの定款第3条より）http://www.nposfss.com/npo.html）

SFSSの本部事務局には、たくさんのイラストパネルがおいてあります。山崎先生が考案されたものもいろいろあるようです。それらは、食に関するリスクの大きさを見る人に"感覚的に"訴える工夫がされています。例えば発ガンリスクについては、山のイラストで示されています（写真参照）。数字で示すよりこのようなイラストで示されたほうが、一般の消費者は、各種発ガンリスクの大きさの比較がしやすいでしょう。「喫煙」、「PM2.5」、「過度の飲酒」、「野菜嫌い」、「カビ毒」、「運動不足」、「ストレス」、「アクリルアミド」、「放射性セシウム」、「放射性カリウム」、「添加物」、「残留農薬」、「GM作物」（遺伝子組み換え作物）の発ガンリスクは、山の

発ガンリスクの大きさを山で表すパネルと山崎毅SFSS理事長

高さで表現されています。印象的なのは、「喫煙」の山の高さに比べ、「添加物」や「残留農薬」、「GM作物」の山が極端に低いことです。私にとって意外だったのは、「カビ毒」の山が予想以上に高いことです。実際、アフリカではナッツやとうもろこしなどのカビ毒「アフラトキシン」により何百人もの人が亡くなる食中毒事故が発生しています。SFSSの発ガンリスクのイラストは過去の疫学研究など科学的データを元に描かれているそうです（山の高さはデータから算出されたものではなくザックリとしたリスク比較のイメージですが・・）。私個人としてはポップな色合いに好感を持ちます。小さな数字が表の中でごちゃごちゃ並んでいるより、明るくてかわいい感じがするイラストのほうに目がいってしまいま

すよね。山崎先生は、このように表現の仕方にも気を配っているそうです。

○ いまだに消えないリスク誤認

山崎先生によると、消費者／一般市民の間ではいまだリスク誤認が多く、「食の安全」に関わる正しいリスク認知ができていないそうです。とくに十分健康リスクが小さい食品中のハザード（危険源）について、社会としては許容範囲で法的にも基準をクリアしているのに、いわゆる「食の安心情報」としてリスクを過大視する消費者がまだかなりのパーセンテージで市場に存在するとのことで、これが食のリスクコミュニケーションにおける最大の課題となっています。

例えば、山崎先生のいう「食品情報過敏症」、「ゼロリスク症候群」というものです。

世間には、自分や家族の口にするものに対して積極的に情報収集する人々がいます。私も、情報収集することは必要と考えますが、根拠のないことを信じ込んでしまったり自分の信条に反する情報を拒絶してしまったりするのはまずいと思います。「食品情報過敏症」の人は、「ライフスタイルの好み」「イデオロギー」「政治的判断」が、物事の「科学的評価」に影響を与えているという現実を知らない場合があります。

人々が食品の選択基準を自分のイデオロギーによるもので

あると認識しているのならかまいません。しかし、イデオロギーやスタイルの違いによる選択を、科学的な根拠によるものだと勘違いしているとしたらそれは問題です。科学的に健康に悪影響がないものや安全なものを、科学的な根拠のない風評により避けているとしたら、生産農家や食品メーカーに本来なら必要ない負担を強いることになり、知らず知らずのうちに社会的、経済的な損失拡大に加担していることになります。情報に振り回されてばかりいると、自分自身も無駄に高い買い物をしてしまったりむやみに何かを恐れびくびくしたりして暮らすことになります。

「リスクはなんでもゼロが望ましい」と願う「ゼロリスク症候群」になってしまったらさらにやっかいとのことです。森羅万象、リスクがゼロという状態はないからです。

山崎先生は、安全にもかかわらず「安心できない」とするハザードの例としては、食品添加物、遺伝子組み換え作物、食の放射能汚染、残留農薬、原料原産地情報、BSE、豊洲市場の地下水（飲み水環境基準）等を挙げておられます。

リスクマネジメントの世界では、「リスクのトレードオフ」という考え方があります。トレードオフとは、一方を立てると片方が立たないということで、何かを得ようとすれば、別の何かを犠牲にせざるを得ない状況を言います。すなわち「リスクのトレードオフ」とは、あるリスクを回避しようとしたときに被る別のリスクを考慮すべきだということで

す。一番わかりやすい例は、遠方に旅行する際に飛行機に乗るほうがはるかに早く移動できるのですが、飛行機がもし墜落したら死んでしまうのでそのリスクは取りたくないといって車を利用することです。この場合は、飛行機で事故死するリスクよりも自動車の交通事故で死亡するリスクのほうがはるかに高いことが知られており、どちらを利用すべきかをリスクの観点から正しく判断するなら飛行機を利用すべきとの結論になります。ただし「安心」の問題がはいってくるとそれはあくまで主観なので、どうしても飛行機の着陸の瞬間が気持ち悪いという人は飛行機のリスクを避ける場合も当然出てくるでしょうが、それは価値観の違いなので自由ですね。

　世間には無農薬や無添加にこだわる消費者が多く存在します。しかし先生によると、農薬というリスクを避けることで、野菜や土壌は人体に有害な微生物（細菌・ウィルス・カビなど）に汚染されるという別のリスクに晒される危険があるそうです。添加物の入っていないジャムなどは、開封後はカビが生えやすくなってしまいます。発がんリスクは食品添加物よりカビ毒のほうが高いことを考えると、添加物がまったく入っていないカビの生えやすい食品は、実は健康リスクが高いということが起こりうるのです。この「リスクのトレードオフ」を承知のうえで、「自分はそういうものが好きだから」無農薬や無添加を選んでいるのならそれはそれでいいでしょう。その人の「信念」や「価値観」の問題なので、いま

さら他人が口を挟むことではありません。しかし「そのほうが科学的に安全だからというのは間違っている」と、先生はおっしゃいます。

　食品に関して、科学的に明らかに安全性に問題があるものは日本では使用や流通が禁止されています。現在、法律で使用を許されている農薬や添加物は、それが適正な量や使用法であるかぎり、科学的には安全と言えます。それでもそれを避けるとしたら、科学的に安全性に問題があるのではなく、科学とは別の尺度（「食の安心」）の問題なのです。食品のリスクコミュニケーションでは、そこのところを人々に理解してもらう必要があるのです。

○　コミュニケーション手法の問題

　「行政や民間食品事業者のリスク管理責任者はマスメディアを通じて消費者市民にむけて情報発信しています。しかし、残念ながら、理想的なコミュニケーション手法になっていないケースが多いのです」と山崎理事長は嘆いておられます。「理想的なリスクコミュニケーションを実施するためには、まず消費者のリスク認知バイアス（リスクを過大視して過敏になる現象）の原因を分析し、その対策を講じる必要がある」とのことですが、実際にはそうなっていない場合が散見されるようです。

　そこで、SFSSでは、食に関わる様々なステークホルダー

と消費者を巻き込んで多様な活動を展開しています。以下にSFSSの活動実績を列挙します。

③　実際に行っているリスクコミュニケーション活動

　SFSSはさまざまな講演会やパネルディスカッションを開催しています。その頻度は年間十数回。スピーカーは、大学や公的研究機関の研究者だけではなく、食品添加物を製造している化学メーカー、遺伝子組み換え（GM）作物の種の生産者、加工食品メーカー、流通業者、市民団体など幅広い分野からスピーカーを招いています。これらの会は一般公開されており、一般の消費者も参加しています。山崎理事長は、毎回、新聞記者等メディア関係者にも参加を呼びかけているそうです。

◎　学術啓発イベント（講演＋意見交換会）において、

　食のリスク＋リスコミのあり方を議論：

●緊急パネル討論会『豊洲市場移転に関わる食のリスクコミュニケーション』

　適切なリスクコミュニケーションを通していち早く問題解決の方向を示すことで都民の安心と納得を得られると考え、これまで食の安全と安心に関して消費者、事業者、行政、専門家と協力してリスクコミュニケーションを進めてきたことから、東京都卸売市場移転問題について適切な食のリスクコミュニケーションを促進する一つの機会として本討論会を実施。

詳細URL：http://www.nposfss.com/cat1/toyosu1220.html
● 食育シンポジウム－減塩と健康Ⅱ

健康維持のために重要な課題である減塩について、食育料理研究家の服部幸應先生と日本高血圧学会　減塩委員会委員長の土橋卓也先生の講演。旭松食品による「こうや豆腐・粉豆腐」を使った試食会。

詳細URL：http://www.nposfss.com/cat1/genen2016_1006.html
● 食肉情報等普及・啓発事業2016『お肉のトークin大阪』
＜食肉情報等普及・啓発講演会＞

食育「日本の食文化における食肉の重要性」、食肉の安全「家畜と畜産物の放射性核種汚染の実状」、食肉の機能「健康・長寿に欠かせない食肉のパワー」についての講演。

＜食肉安全情報啓発パネルの展示等＞

福島の食肉の安全性について、Q&Aのパネル展示＋リーフレット配布を実施し、食肉の放射能汚染に関して全く心配のいらない状況であることを説明。

＜ふくしま復興支援　食肉試食会＞

「つながろう、福島」と題して、ふくしま復興支援食肉試食会を実施。

詳細URL：http://www.nposfss.com/cat1/osaka2016_1103.html
● 赤ちゃんとお母さんの健康食講座　―アトピー・アレルギーを考える―

食物摂取後に蕁麻疹や呼吸困難などが起こる「食物アレル

ギー」の児童数は全国で35万人以上（約3％）、「アトピー性皮膚炎」に苦しむ児童は全体の10％以上にも及んでいる。そこで、科学の力で、赤ちゃんとお母さんの健康を守る食事の基礎と応用をマスターすることを目的に講座を展開。食物アレルギー・アトピーの専門家3名の講演の後、旭松食品による高野豆腐を使った試食会。

詳細URL：http://www.nposfss.com/cat1/baby_and_mother.html

- 食の安全と安心フォーラムXII『食のリスクの真実を議論する』

テーマは「食のリスクの真実を議論する～消費者と専門家のリスク認識のギャップについて」。7人の専門家より、各ハザードの人体へのリスクはこの程度だという情報提供のための講演の後、パネルディスカッションでは参加者からの質問に専門家たちが回答するという形の意見交換会。

詳細URL：http://www.nposfss.com/cat1/forum12.html

＜リスコミのあり方を議論するフォーラム＞

- 食のリスクコミュニケーション・フォーラム2016（2016年4回実施）

2016年4月から10月にかけて食のリスクコミュニケーションをテーマとしたミニフォーラムを4回シリーズで開催。毎回40～50名を超えるご参加があり、リスコミ／食の安全・安心に関してのご講演とパネルディスカッションを実施し、参

加者からの質問にパネリストが回答。

詳細URL：http://www.nposfss.com/cat1/risc_comi2016.html

● 食の安全・安心懇話会Ⅱ（2017年1月22日）

『永遠の課題、異物混入　〜リスク低減策と消費者コミュニケーション〜』

食品事業者にとって永遠の課題である「異物混入」に関して、そのリスク低減策と消費者コミュニケーションのあり方をテーマとして、食品事業関連者のみによるクローズの意見交換／総合討論会を行い、58名の食品事業者で異物混入対策について議論。

詳細URL：http://www.nposfss.com/cat1/konwakai0122.html

◎　SFSSホームページとTwitterによる正しい学術情報の発信：

SFSSでは、前出の講演会やパネルディスカッションの資料をすべてホームページで公開しています。食の安全と安心に関心のある一般消費者はもとより、研究者や企業関係者、そしてマスコミ関係者にもホームページを見て、理解を深めてほしいとの願いからです。

それとは別に、SFSSのホームページやツィッターを通じて、一般消費者や食品事業者が抱く食に関する疑問に答える形の「食の安全・安心Q&A」の情報発信を行っています。話題は、ノロウィルスによる食中毒のような季節性のものや鳥インフルエンザウイルス、トランス脂肪酸、食品添加物、

GM作物まで多岐にわたっています。以下にその例を紹介します。

＜食の安全・安心Q&A＞

- Q（消費者）：鳥インフルエンザ感染のため大量の鶏が殺処分され移動制限もかかっているとのこと、鶏肉や卵を食べても大丈夫なのか？

  A（SFSS）：まったく問題ありません。ヒトへの感染リスクは生きている感染鶏に直接接触した場合のみです。鶏肉や鶏卵を食したことでヒトに感染したという報告は、これまで１例もありません。

＜詳しい解説＞（以下、略）

　http://www.nposfss.com/cat3/faq/q_08. html

- Q（消費者）：遺伝子組換え作物（GMOs）が健康によくないという情報は、科学的に正しいのでしょうか？

  A（SFSS）：現時点で遺伝子組換え作物が非遺伝子組み換え作物と比較して安全性に問題があるという信頼できる科学的証拠はありません。

＜詳しい解説＞

2016年５月17日に米国科学アカデミーは遺伝子組み換え作物の安全性に関する包括的レポート（20年間の文献情報やインタビュー情報を388ページにまとめた）を公表し、GMOsはヒトや動物の健康に対して害がないと結論づけた。ノースカロライナ州立大学のFred Gouldを議長とす

る委員会による記者会見や質疑応答の模様は、Web動画で閲覧いただきたい（https://nas-sites.org/ge-crops/）（以下、略）

http://www.nposfss.com/cat3/faq/q_07.html

- Q（消費者）：食品添加物は身体によくないという記事をよく見かけますが、本当なのでしょうか？

A（SFSS）：それは誤りです。

日本国内で認可されている食品添加物の安全性は、FAO/WHO合同食品添加物専門家会議（通称：JECFA）により国際的に評価されたデータに、日本人の食経験などを加味して、その使用基準が決められたもので、きわめて安全性の高いリスク管理がされています。（以下、略）

http://www.nposfss.com/cat3/faq/post_59.html

＜Twitter＞

　https://twitter.com/NPOSFSS_event

◎　メディアを通じた食の安全・安心の学術啓発＋リスコミ議論推進：

取材中、山崎先生は繰り返し記者への働きかけの重要性を強調されていました。長年、広報コンサルタントをしている私も、新聞やテレビ、雑誌、ラジオを通じ世間に情報を提供することの効果はよく理解しています。

　山崎先生は、2017年、築地市場の豊洲移転問題についてメディアの取材を積極的に受けておられます。SFSSの中立的

な見解としては、豊洲新市場の「食の安全」は科学的には人体に悪影響はない、というものです。そのことを山崎先生はマスコミの前ではっきり述べています。山崎先生をはじめとするSFSSメンバーのように、世間に向けて堂々と意見や情報を発信する食の専門家は珍しいです。科学者として正しい情報を伝えようとする前向きな姿勢を私は心から尊敬します。

＜SFSSが取材を受けたメディア情報＞

- 食品化学新聞　2017年12月7日号に、山崎理事長の記事が掲載されました。
　リスクコミュニケーション連載（くらしとバイオプラザ21監修）
　「豊洲／築地市場、どちらの食が安全？」
　http://www.nposfss.com/cat6/foodchemicalnews171207.html
- 産経ニュース（2017年10月3日）
　「ポテサラ、加熱食品で分かったO157の怖さ　危ないのは夏だけではない　調理で注意はズバリこれ！」
　http://www.nposfss.com/cat6/sankei_o157_1003.html
- 東京新聞　（2017年8月31日（木）朝刊）
　豊洲市場移転問題に関してコメントをしました。
　http://www.nposfss.com/cat6/tokyo_shinbun_20170831.html
- 日経エコロジー2017年9月号（8月8日発行）　オピニオ

ン／論点争点

『豊洲市場移転議論の教訓』－市民不在が信頼損ねる問われる「専門家」の役割

・神里　達博（千葉大学　国際教養学部　教授）
・山﨑　毅（食の安全と安心を科学する会　理事長）

http://business.nikkeibp.co.jp/ecos/mag/

- 2017年3月30日　都庁記者クラブで【豊洲市場移転問題の「食の安全と安心」に関する専門家の統一見解】 について記者会見。その模様が各社で報道。

専門家「安全性高いのは築地より豊洲市場」　日テレNEWS24

http://www.news24.jp/articles/2017/03/30/07357725.html

- フジテレビ「直撃LIVE　グッディ！（2017年3月22日）」「めざましテレビ（2017年3月23日）」「めざましどようび（2017年3月25日）」

ブラジル産輸入肉のニュースに関して山崎理事長のコメントが放映。

http://www.nposfss.com/cat6/cx_20170322_25.html

- BLOGOSでSFSS理事長雑感の記事転載や「議論」がスタート。

http://blogos.com/blogger/sfss/article/
http://blogos.com/discussion/733/

- 豊洲市場の「食の安全」、NPOが討論会（日経東京版2016年12月21日．朝刊）

  http://www.nikkei.com/article/DGXLZO10901440Q6A221C1L83000/
- 産経新聞朝刊（2016年9月15日．）

  『高齢者施設でO157集団食中毒　野菜は流水でしっかり洗う』

  http://www.sankei.com/smp/life/news/160915/lif1609150034-s1.html

＜リスコミを議論するブログ：『理事長雑感』＞
- 『ファクトチェックが国内でも始まった！』（2017年10月12日木曜日）

  http://www.nposfss.com/blog/fact_check.html
- 『O157：食中毒の原因は「トング」じゃない』（2017年9月20日水曜日）

  http://www.nposfss.com/blog/o157.html
- 『「安全宣言」の勇気、迅速に謝罪する勇気』（2017年8月13日日曜日）

  http://www.nposfss.com/blog/anzen_sengen.html
- 『「食の安全情報」と「食の安心情報」が区別できますか？』　～加工食品の原料原産地

  表示義務化が惹起する消費者の不信感～（2017年7月12日

水曜日）

http://www.nposfss.com/blog/origin_display.html

- 『安全＞安心記念日』〜豊洲新市場：「地下の安心」より「地上の安全」を優先すると決断した日〜（2017年6月15日木曜日）

http://www.nposfss.com/blog/anzen％3Eansin_kinenbi.html

- 『安心のための必要条件：「安全」と「信頼」』（2017年4月10日月曜日）

http://www.nposfss.com/blog/safe_trust.html

- 『リスクの審判員：どちらがレッドカード!?』（2017年3月8日水曜日）

http://www.nposfss.com/blog/redcard.html

- 『二者択一の原理：リスクがわかりやすい、でも誤認の元？』（2017年2月11日土曜日）

http://www.nposfss.com/blog/choice_between_2things.html

- 『豊洲市場移転のカギは「食の安全」に関わる都民へのリスコミだ』（2017年1月10日水曜日）

http://www.nposfss.com/blog/toyosu_market_relocation.html

- 『安全第一、安心は二番目であるべき』（2016年12月11日日曜日）

http://www.nposfss.com/blog/safety_first.html

④　効果のあった活動、見直すべき活動（成功例、失敗例）

山崎先生に、SFSSの活動のなかでなにが効果的で、なにがうまく行っていないのか聞いてみたところ、率直に応えてくださいました。以下に山崎先生のコメントをご紹介します。

＜効果のあった活動＞

● SFSSホームページや学術イベントを通じた正しいリスク情報の発信

「食の安全に関わるリスク情報を地道に発信し続けた（7年間）ことで、科学的リスク情報の発信者として、ある一定の信頼は得られたものと思います。

食の安心にからんだ不安煽動記事は以前に比べるとかなり減ったと思われます。当方サイトを記者の皆さんがよくご覧になっているようなので、そのよい影響が出てきたのではないかと思います。最近の豊洲新市場移転問題では、豊洲と築地のリスク比較により食の安全への市民の理解度が高まりました。」

● リスクコミュニケーション手法を議論するイベントの開催

「できるだけ「食の安心」につながるリスコミ手法を議論したことで、リスク管理責任者の市民向け情報発信手法に改善があったはずです。リスク情報、たとえばアレルゲン表示、異物混入や機能性食品の安全性情報などの開示は進みました。

最近は、「食の安心」を利用した悪質な企業広告（マーケ

ティング・バイアス）は減ったように思えます。また、「無添加」「無農薬」「非遺伝子組み換え」「全品放射能検査」などについては、企業の個別消費者対応力は向上しているのではないかと考えています。」

＜見直すべき活動＞

　地道な活動の成果を実感する一方、まだまだ足りないところもあると山崎先生はおっしゃいます。具体的には以下の点だそうです。

●マスメディアへの露出がまだまだ少ない

　「誤ったリスク認識の消費者市民が多数いる状態を解消できていません。マスコミでの私たちの露出がまだ十分ではないせいでもあります。特に、遺伝子組み換え作物、放射能汚染、原料原産地情報などについての科学的情報については報道が十分なされていません。今後は、市民の信頼を得ている著名人、たとえば政治家、芸能人、評論家などを通じて、正しいリスク情報が発信されるような仕掛けが必要だと考えています。」

⑤　企業のリスクコミュニケーション担当者へのアドバイス

　SFSSでは、『不安な消費者にむけての"やさしい"リスコミのコツ』を提唱しています。これは、今後、リスクコミュニケーションを行おうという組織の担当者の参考になると思われますので、ここに山崎先生のコメントを紹介します。

●『不安な消費者にむけての"やさしい"リスコミのコツ』

「食品のリスク管理責任者が消費者にリスク情報を伝達する際に大切なことは、消費者のリスク認知の特徴を社会心理学的に学び、当該消費者にとっての健康リスクの大小を正確に理解できるようなコミュニケーション手法を習得することです。①食品中ハザードのリスク評価が綿密にできているか、②その健康リスクが当該消費者にとって許容範囲かどうか、この２点を伝えれば消費者自身が安全か否かの判断ができるはずですが、不安な消費者へのリスコミはそう容易ではありません。消費者のリスク認知バイアスを逆手にとった"やさしい"リスコミのコツを参加者の皆様と議論したいです。」

　SFSSの活動については、ホームページに細かく紹介されています。山崎先生の講演でのレジュメや「理事長雑感」というコラムも公開されています。「リスク認知バイアスの原因を知ること」「二者択一の原理（リスク相対性理論）」「リスクのトレードオフ・リスクコミュニケーションのパラドックス」についてもわかりやすく解説されています。「ハラキリ・コミュニケーション」という興味深い言葉も出てきます。「企業にとって不都合な情報ほど、早くゲロっと白状しておいたほうがよいというのが『ハラキリ・コミュニケーション』の基本思想」とのこと。日本文化に合ったリスクコミュニケーションの事例として、「ハラキリ・コミュニケーション」のことが伊藤博文とフグの話とともに紹介されてい

ます。誰もが親しみを覚える歴史の裏話やトリビアというのは、人に話を聞いてもらうための重要なファクターです。私が山崎先生のことをグッド・コミュニケーターだと思う理由の一つが、先生がたとえ話とユーモアの引き出しをたくさんお持ちであることです。ところどころに面白い話を取り混ぜてくださるので、聞き手は食のリスクについて素直に理解することができるのでしょう。詳しくはSFSSのホームページをぜひご覧ください。

＜参考情報＞
○山崎毅（やまさきたけし）
　1960年生まれ。獣医師、獣医学博士、食品コンサルタント。東京大学農学部卒。85年湧永製薬中央研究所研究員、90年米ロマリンダ大学客員研究員、94年ワクナガ・オブ・アメリカ社インターナショナルR&Dマネージャー、2011年NPO食の安全と安心を科学する会を創立、理事長就任。専門分野はリスクコミュニケーション、獣医学、機能性食品の安全性・機能性評価
○特定非営利活動法人食の安全と安心を科学する会（SFSS）
　URL：http://www.nposfss.com/
本部事務局：
　〒113-8657　東京都文京区弥生１―１―１
　東京大学農学部フードサイエンス棟405―１号室
　代表電話：03-6886-4894　FAX：03-6886-4894

代表メールアドレス:nposfss@gmail.com
関西事務局:
〒541-0041　大阪市中央区北浜1―1―9
　　　　　　ハウザー北浜ビル3F
TEL:06-6227-8550、FAX:06-6227-8540

コーヒーブレーク

日々是トレードオフ

宇於崎裕美

　私はおしゃれな高級食料品店で値段の高いオーガニック食品を、時間をかけて選んで買うことをときどき楽しんでいます。レストランのメニューで"無農薬"、"自家菜園"、"有機栽培"という文字を見るとついひきつけられてしまいます。なぜ、ひきつけられるかといえば、「そっちのほうが科学的により安全だから」ではなく、「無農薬や自家菜園や有機栽培のものは、作り手の手間がかかっていて値段が高い分、心がこもっていてきっとおいしいに違いない」となんとなく期待するからです。この期待感というのは私にとって大きなメリットです。値段が高いというデメリットを差し引いてもなお魅力があります。

　去年は自宅のベランダでトマトやきゅうりやハーブを完全無農薬で育ててみました。毎朝、新しい芽がでていたり花が咲いたりするのを眺めるのはほんとうに楽しい。また、ライフスタイルにこだわりを持つ自分がかっこよく思え、収穫した野菜の画像を何度もSNSにアップし、友人たちから「いいね！」をたくさんもらい悦に入っていました。これも当然メリットです。

　でも、おしゃれでこだわりのある生活を送ろうとすると苦労もあります。添加物無しの食品が早々にカビて捨てることになったり、野菜に虫がついていてうっかりそれに触ってしまったりする危険も覚悟しなくてはなりません。殺虫剤を使わないでいたら、トマトにもきゅうりにもハダニやアブラムシが大量発生し、虫嫌いの私は精神的にかなりショックを受けました。これらはデメリットです。

　一方、野菜は健康によいので、頻繁に野菜は食べたいと思います。去年の害虫大発生に懲りて今年はベランダ菜園をやって

いないので、近所のスーパーでほぼ毎日、野菜も含めあらゆる食料品を購入しています。そのなかには長期保存可能な真空パックのキャベツや安価な輸入果物も保存料の入っている加工食品も含まれています。科学的安全性を犠牲にしているつもりはぜんぜんありません。デメリットは「ここで買い物することは別に珍しいことでなければおしゃれでもない。つまりエキサイティングではなく、SNSにいちいちアップするほどのことはない」というぐらい。それより、安価で安全な食品が安定的に入手できるメリットのほうがずっと大きいので、私にとってはありがたいです。

　このように日々の生活にトレードオフは存在しており、常に何かと何かを比較し、自分の意思で選択しなくてはなりません。私はこれからも、安全でリーズナブルな食品を容易に入手できる環境に感謝しつつ、高いけれどおしゃれなお店での買い物や自然との共存について考える機会を与えてくれる趣味の園芸を、エンジョイしていきたいなと思います。

左からデパートで購入したこだわりの有機栽培トマト（150ｇ、498円）、自宅のベランダで苦労して育てたミディトマト（プライスレス）、近所のスーパーで一年中入手可能なミニトマト（150ｇ、231円）。どれも私にとってはたいへん魅力的

第 5 章

保育園のリスクコミュニケーション

　特定非営利活動法人（NPO法人）保育の安全研究・教育センター（Center for Child Daycare/Nursery Safety Research and Training）の掛札逸美（かけふだいつみ）代表理事は、全国の保育園の保育士や運営者を対象に子どもの深刻事故予防のためのリスクコミュニケーション支援を実践しておられます。私は掛札氏が米国留学からお帰りになって国立研究開発法人産業技術総合研究所（産総研）にお勤めになっていた2008年に初めてお会いしました。東京の健康診断施設で10年以上広報職を務めた後、米国で心理学の博士号を取得された掛札氏のお話は、論理的かつ明快です。人や社会の動向についての、私のもやもやした疑問をすっきりと解説してくださるので、いつもお会いするのをとても楽しみにしています。

◯ 保育園のリスコミの特徴１—目的と対象が明確

　保育園が行うべきリスクコミュニケーション（リスコミ）の特徴は、目的と対象がはっきりしていることだと私は思います。つまり、目的は集団保育のなかで子どもの心身の安全を確保すること、そして、コミュニケーションの対象は保護者です。

　企業や自治体がリスクコミュニケーションに取り組む場合、目的や対象が漠然としている場合はけっこう多いものです。「地域住民の安心・安全のために」とか「消費者の未来のために」とか、「どこのどんな地域住民？」「どの消費者？誰のことを言ってるの？」と聞き返したくなることがよくあります。「リスクコミュニケーションは難しい」と感じている企業や自治体の担当者の皆さんには、まずは、対象を絞り込み、目的を明確にすることをお奨めします。そうすることで、自分たちのやるべきことが限定され、その分、焦点も合ってくるでしょう。

◯ 保育園のリスコミの特徴２—毎日が勝負

　保護者、特に子育て中の母親はリスクに対してもっともセンシティブな人々だと私は思います。非力な乳幼児を守り育てなくてはならないママ、パパ、または祖父母の皆さんは、保育園の環境や保育士たちを常に厳しい目でチェックしてい

るはずです。また、子どもの送り迎えのたびに、保護者と保育士は対面し言葉を交わします。このときのちょっとしたコミュニケーションのズレが積もり積もって大きな誤解につながる危険性があります。保育園関係者は、日々、この難しいコミュニケーションに加えて、さらにリスクコミュニケーションを実践しなくてはならず、苦労が耐えないことだろうと想像します。

　また、「目的は集団保育のなかで子どもの心身の安全を確保すること」とはいえ、保育園が取り組むリスクコミュニケーションの対象は、子どもたち自身ではなく、その保護者であるがゆえの難しさもあるでしょう。保護者は、それぞれの生活の中でリスクと便益のバランスを常にとりながら生活していますから、保育園にいる子どものリスクと便益のバランスだけが常に優先ではないはずです。たとえば、職場で今日、終わらせるべき仕事を終わらせる（途中でやめる）便益とリスク、そして、昼に園で熱を出した子どもを早く迎えに行く（行かない）便益とリスクのバランスは？　保護者の感情も強く出る部分ですから、保育園のリスクコミュニケーション、日常のコミュニケーションは、一筋縄ではいかないと考えられます。

　保育園のリスクコミュニケーションは、コミュニケーションの訓練を受けた専門担当者が行うものではなく、現場にいるどの保育士も常に行わなくてはならないものです。とする

と、保育園で実践されている、あるいは推奨されているリスクコミュニケーションの考え方や手法は、きっとほかの業界の一般従業員にもすぐに役立つものだろうと私は考えました。そこで、私は掛札氏に実際に何をしていらっしゃるのか、詳しくお話を聞くことにしました。

○ リスクは3種類

「リスクコミュニケーションを始める前に、まず、その組織が抱えるリスクを分類することが肝要」と掛札氏はおっしゃいます。リスクは次の3つに分類されるそうです。

① 園にも家庭にも共通するリスク
② 園にできることは限られるリスク
③ 新しいリスクや気づかなかったリスク

それぞれのリスクの扱い方は違います。

① 園にも家庭にも共通するリスク

「園にも家庭にも共通するリスク」とは、その危険性を保育園側も保護者側も理解しておくべきリスクということです。

たとえば、ミニトマトのリスクです。幼児がミニトマトをかまずに丸のまま飲み込んで窒息することはそう珍しいことではないそうです。大人にとっては何でもない食材でも、乳幼児には命取りになることがあります。そこで、掛札氏は、保育園の給食ではミニトマトを半分に切るように、また、園

庭ではミニトマトを栽培しないように提唱しています。さらに、保育士からミニトマトの危険性を保護者にも伝えるようアドバイスしています。家庭でもミニトマトを幼児に供するときは、丸のままではなく小さく切れば、窒息リスクを低減できます。また、家庭菜園やベランダで栽培することは、危険排除のため、やめるよう保護者に伝えることも忘れてはいけません。誰も見ていないところで、乳幼児がミニトマトを摘んで口に入れてしまう可能性があるからです。

このように、保育園でも家庭でも共通するリスク、わかりやすいリスクは、保育士からも指摘しやすく、保護者も納得しやすいので、リスクコミュニケーションはやりやすいといえます。なにより、「保育園は安全に取り組んでいます」とアピールすると同時に、保護者に情報提供をすることで「あ、そうか。家でも気をつけよう。良いことを教えてもらった」という感情が保護者に生まれる可能性があります。

② 園にできることは限られるリスク

たとえば、プール遊びに伴う感染症リスクが、この「園にできることは限られるリスク」にあたります。子どもたちは水遊びが大好きです。しかし、大勢の子どもたちがプールに入れば、当然、感染症のリスクも高まります。保育士がプール遊びの前に、子どもたちの様子を見て体調をチェックするとしても限度があります。子どもの健康状態をしっかり管理

して、体調が少しでも悪ければ朝、園に伝えるのが保護者の義務になります。この場合のリスクは何か、園がしていることとその限度、保護者が親としてすべきこと、こういったことを示すリスクコミュニケーションが大切です。

　また、プールには溺れの危険が常に伴うのですから、監視者を置くことが通知で義務づけられています。でも、保育士も夏休みをとりますし、体調も崩します。「監視役を置けないと判断したらプールをやめます」と、ここでもリスク、園の取り組みと限度、保護者がすべきこと（「なんで、今日はプールしなかったんですか？」と言わない）を伝えます。

　さらに最近は、「虫よけパッチ」や気管支拡張剤のシールのリスクというのもあるのだそうです。虫を寄せ付けない薬剤をしみこませた粘着シールを、保護者が子どもの体に貼って園に送り出すことがあります。この粘着シールが汗や水ではがれ落ちると、落ちていたシールを乳児が誤飲するという事故が起きることもあるそうです。保育士は着替えなどの時にチェックはしますが、完璧とは言えません。

　そこで、掛札氏は保育園に対し、「虫よけパッチや気管支拡張剤のシールを貼る時は名前を書き、登園時に必ず『貼ってある』と職員に伝えるよう、保護者に協力を呼びかけてください」とアドバイスしています。保護者に、リスクの存在を事前に気づかせるとともに、園としてできることには限界があることを明言にしておこうということです。

そして、こういった内容を保護者に伝えるときの手段としては、手紙や掲示が有効なのだそうです。たしかに個別面談や保護者会で口頭で伝えるには勇気がいりますし、言った言わないと新たな誤解を生む危険性もあります。その点、熟考して文章を組み立てることができる手紙はいいですね。掛札氏は、「保護者の中には手紙も掲示も読まない人もいますが、万が一何かあったとき、『先日、お渡ししました通り』と言えます。口で伝えただけでは『聞いてません』と言われ、よけいに問題をこじらせる可能性がありますから」とおっしゃいます。掛札氏のNPOのウェブサイトにこうした手紙、掲示のひな型も掲載されています。

　重要なのは、「自分たちの責任の境界に線を引く」ことだそうです。保育園に限りませんが、いい格好をして「ご心配なく。私たちにすべてお任せください」とは言ってはいけないのだそうです。

　このように自分たちの責任の範囲を限定しそれを表明することで、ステークホルダー（保育園の場合は、主に保護者）からの協力も得られるようになるそうです。さらに、将来のクレームの減少にもつながるのでしょう。

③　気づかなかったリスク
　「保育園側も保護者も気づかなかったリスク、つまり未知なるリスクは、共有することから始めましょう」と掛札氏は

おっしゃいます。素直に知らなかった、わからなかったことを表明し、「いっしょに考えましょう」と保護者を巻き込むことが大切なのだそうです。

とはいえ、「知らない」「わからない」とはっきり言うことは、勇気のいることです。私、宇於崎は、年間50回以上、様々な企業や官庁、あるいは学校法人でメディアトレーニング（記者会見やインタビューなどで記者に対応するための訓練）を行っています。メディアトレーニングの模擬記者会見で、どの組織の受講者も、記者役からの質問に「知らない」「わからない」と答えることをとてもためらいます。自分の職務に忠実で真面目な人ほど、「知らない」「わからない」ことを恥じたり、後ろめたく思ったりするようです。しかし、それが事実ならば、それは素直に伝えるほうが誠実です。

どうも、世の中を見渡すと、意図的に悪いことをした人のほうが「知らなかった」「わからなかった」と軽く口にするように思えます。それは単なる言い訳で、事実を語っているわけではなさそうです。そういうこともあって、真面目な人ほど、「言い訳がましく聞こえる」ことを恐れて、「知らない」「わからない」と言えないのではないでしょうか。

○ 新しいリスクにはサイエンスが効く！

さて、「気づかなかったリスク」「未知なるリスク」というと、実際にはどんなものがあるのでしょうか。最近、健康に

関するリスクコミュニケーションの分野で詳しく研究された例では、鳥インフルエンザや豚インフルエンザが挙げられます。デング熱もそうですし、セアカゴケグモやヒアリのような外来害虫も同様です。このような新たなリスクの場合は、科学的な情報の収集と提供がまず必要で、「いっしょに考えましょう」という姿勢が大切だそうです。

　鳥インフルエンザがニュースになったとき、保育園で飼っているペットの小鳥やニワトリの飼育をどうするか？　それは保育園にとっても保護者にとっても大問題でした。なにより、日頃、鳥たちをかわいがってきた園児たちがとても心配していたことでしょう。飼育環境を清潔に保ち、手洗いやうがいの励行などを行えば、むやみに恐れることはないようですが、どんなリスクもゼロにはできません。対応をどうするかは、園と保護者がいっしょに考えていくしかなく、根気強く話し合うことやリスクを承知した上での決断が必要となってきます。一番よくないのは、問題を先送りする事なかれ主義や、隠ぺい、放置、あるいは面倒な話し合いを避けるような逃げの姿勢でしょう。

「鳥インフルエンザや、2001年、米国でのテロで注目された炭疽菌（たんそきん）、今ならヒアリなど、これまで一般人にとってなじみのなかった新たなリスクにはサイエンス・コミュニケーションが有効です。権威のある専門家が早期に科学的な判断を発表することで、リスクは正しく理解される

ようになります。なぜなら、そのリスクについて、人々がそれぞれに持っている価値観がまだ絡んでいないからです」と、掛札氏は科学と人の価値判断の関係について教えてくださいました。

　鳥インフルエンザの流行や炭疽菌テロのとき、世界で大騒ぎになりました。しかし、その後、事態が収まってからは、人々がむやみに恐れたり風評が広がったりすることは今のところはありません。これらのリスクを科学的ファクト以外の価値観でとらえるようなことにはならなかったといえます。なじみのないリスクだっただけに、人々は専門家を頼り科学を信じたのです。

◯　科学的評価とは別のリスクに対する価値観

　「長年、議論が繰り返され、『良い』と『悪い』の間を揺れ動き、様々な視点で取りざたされてきたリスクに対しては、科学的な危険性あるいは安全性とは別に、それに対する人の価値観というものが次第に形成されていく」と掛札氏は教えてくださいました。

　例えば食品添加物や遺伝子組換え作物、原子力発電所、子どもの予防接種、子宮頸がんワクチンなどがそれにあたるだろうと私は思いました。

　「そこまで便利さにこだわらなくてもいい」「経済効率がすべてではない」「だれかの利権がからんでいるからいやだ」

「不自然だ」「昔のまま、自然のままが一番」といった意見の背景には、その人それぞれの生き方の姿勢、哲学、あるいは思い込みや感情があります。何かのリスクについて、個人的な価値観による判断が加わってしまった後で、いくら新たな科学的なデータを提供しても冷静に判断してもらえる余地が少ないということがしばしば起こります。

一方、今、突然、目の前に現われた新しいリスクについては、人々はまだ自分の固定化した価値観を持ち合わせていません。よって、科学的なデータや専門家の判断を素直に受け入れる素地があるのです。

まったく新しいリスクを扱う場合は、様々な価値判断やウワサが錯綜して話がこじれる前に、とにかく早く、科学的な情報と専門家の科学的判断を公開するのが、リスクコミュニケーションをする側にとっては得策だということになります。

○ 合理的コミュニケーションはうまくいかない

今回の取材のなかで、掛札氏が「合理的コミュニケーションは、まず、うまくいかない」とおっしゃったことが非常に印象に残りました。理系出身の心理学者である掛札氏は、「人というものは、こういう状況ではこのように反応する。なぜならこういう理由だから」となんでも明快に解説してくださいます。それで、掛札氏なら、どんな人ともうまくいく合理的なコミュニケーションの方程式をご存知なのだと私が勝手

に思いこんでいたので、この言葉に驚いたのです。

さて、ではなぜ合理的コミュニケーションはうまくいかないのでしょうか。その理由を掛札氏は丁寧に説明してくださいました。

○　議論は勝つか負けるかの対立構造を生む

合理的なコミュニケーションといえば、私はすぐに演繹法と帰納法とか、科学的データの提示、視覚効果をねらったプレゼンテーション、豊富な具体例、正確な表現力…、こんなことを思い浮かべてしまいます。このようなものを駆使して、相手に自分の主張がいかに正しいかを冷静に説明し対等な立場で活発な議論を重ねても、「よい関係は築けない」そうです。議論で相手を打ち負かしても、結局、相手は納得しておらず協力もしてくれない…、平たくいうと、しこりを残す結果となるということです。

このような状態になる理由は、「議論は勝つか負けるかの対立構造を生む」からだそうです。それどころか、「議論自体が立場を極端にする」そうです。たとえば、「ニュースを読んだけど、私は～に賛成だな」と、隣の席に座っている人が言ったといます。あなたはそのことについて考えてもいなかったけれども、隣の人に「そうだね」と簡単に言うのもちょっとな、と感じたので、「え、そうかな。私は賛成できない」と口にしたとします。そうすると、そこで「賛成」「反

対」の議論が生まれ…。たいして深くも考えてもいなかったあなたは気がつくと「反対」の意見を信じてしまっている。これは社会心理学の実験でも立証されているそうです。

　議論の果てに、相手に屈したほうは、頭では相手の正当性を理解していても「悔しい」という感情を持ってしまいます。「人は自分の負けを認めたくない。相手から、お前はわかってない、非合理だと言われたくないのです、議論の内容とは無関係に」。こうして、議論は内容をめぐる議論ではなく、極端な対立構造、「どちらが正しいか」という闘いになっていくそうです。

○　科学より感情

　「人間は合理性（科学）より感情を優先する動物である」とも掛札氏はおっしゃいます。「生物の進化の過程において、生命の維持や感情をつかさどる大脳辺縁系が先に出来て、そのあとで複雑な運動機能や合理的思考を行う大脳新皮質が出来たわけです。後輩の大脳新皮質の支配力は、先輩の大脳辺縁系よりも弱い。新皮質は辺縁系に乗っかっているだけで、両者をつなぐパイプは太くない。だから、新皮質で合理的と判断したことを、辺縁系でポジティブな感情で受けとめられないことが起こるのです。感情、特に『負けたくない』『優位に立ちたい』『偉いと思われたい』といった、生き物としては感情以前に大切な部分は、どうしても理屈より勝ってし

まう。私たちが望むほどには、脳は合理的にできていません。その結果、人は理性より感情で動いてしまうのです」。

たしかに、科学的に良いか悪いかよりも、好きか嫌いかのほうが自分の行動を決めるときには重要なような気がします。だから、「このケーキを今、食べたいのだけれども健康のためにはがまんしなくてはいけない」という状況下で大きな葛藤を感じてしまうのですね。

とすると、リスクコミュニケーションにおいては、話し合いを行えば行うほど、考え方の違いが浮き彫りになり、こちらが理論的に優位に立てば立つほど、相手との溝が深まるということになるのでしょうか…。さて、私たちはどうすればいいのでしょう。

〇 パースエイシブ・コミュニケーションというアプローチ

「リスクコミュニケーションに限らず、人と人とのコミュニケーションにおいては、理屈ではもう無理！ということが起きるものです。こちらが理屈を並べれば並べるほど、議論を繰り返せば繰り返すほど、相手の態度は硬化します。重要なのはまず、相手にいかに共感するか、相手の感情にどれだけ歩みよるか、相手の感情に働きかけるか、です。理詰めの（合理的な）コミュニケーションではなく、パースエイシブ・コミュニケーションこそが有効です」と掛札氏は力説し

ます。

　パースエイシブ（persuasive）とは「説得力のある」という意味です。日本語で「説得力」というと理屈の上での説得力のように聞こえますが、パースエイシブは、もっと広い意味の「説得力」を表します。とにかく結果として行動や態度が変わることを目指すコミュニケーション、「ああ、なるほど、そうしたほうが自分にも（そして相手にも）いいのね」という境地をめざすコミュニケーションがパースエイシブ・コミュニケーションです。そこには、相手の価値観や感情を理解し、尊重する気持ちが不可欠です。

「例えば、保護者のなかには、子どものワクチン接種について非常に抵抗を示す人たちがいます。自分の子どもにワクチンを受けさせたくないと考える人に科学的な説明をしても、聞いてもらえないことのほうが多いですね。医学の話をすればするほど、『そんなことはわかっています！』となって、溝は広がります。たとえば放射線の話もそうだと思いますが、こういった慎重派の方たちはおそらくものすごく勉強してらっしゃるのです、実際。そこに医学、科学の話をすれば、当然、『私はわかってる。私が勉強してないとでも言うのか！』になるわけです。よけいに感情はこじれる。

　そして、拒絶の理由はたいてい、ワクチンの科学的な意味を理解していないからではないでしょう。人によって違いますが、『価値がどれだけあろうと、私が信じているリスクは

こんなに大きいのだから、いやだ』と拒否しているわけです。そこで、ワクチンの効果や副反応という科学ではなく、別の視点でアプローチすることも検討してみるとよいかもしれません。たとえば、『今、このワクチンをお子さんに接種しないと、将来、海外留学や海外勤務の時にいろいろ難しくなる＊ということもあるらしいですよ』という話をすると、保護者の態度が変わることがあります。」

＊海外の学校に入学する時に予防接種証明書を要求される場合がある。
＊予防接種はおとなになってもできないわけではない。けれども、決められた時期にすれば（定期接種）無料または非常に安いが、その時期を過ぎてすると（任意接種）高額になる。

○　要は行動が変わればいい

　子どもにワクチンを受けさせないと決めている親も、感染症の拡大を避けようとしている保育園も、どちらも子どものことを考えています。子どものために今、できることをしてあげようという点では一致しているはずです。だとすると、相手の感情に明確に共感したうえで、たとえば、子どもの将来についていっしょに考えましょうと提案すればいいのです。いっしょに考えた結果、相手は考え直してくれるかもしれません。

　ワクチンの場合、「あなたのわがままで、あなたのお子さんひとりだけが受けないでいると、あなたのお子さんが感染症を拡げてしまう危険があるので困ります」と言ったら、ま

すます相手の態度は硬くなってしまうことでしょう。しかし、「将来、お子さんが海外に留学したいとおっしゃったとき、ワクチンを受けていなかったためにその夢がかなわないかもしれません。そうなってはかわいそうですよね」と相手の感情に寄り添えば、考えを変えてくれるかもしれません。何がきっかけになっても何を理由にしてでもいいので、その相手の感情や生活に合わせることで、話を聞いてくれたり、行動を変えてくれたりしたらありがたいですよね。結果よければすべてよしです。

◯　大事なのはボーダーラインの人々

　ステークホルダー（保育園の場合は主に保護者）の中には、何を言ってもどうにもならないくらい意見や価値観の違う人もいます。そういう人との付き合いはどうしたらいいのでしょうか？という私の問いに、掛札氏は「何かにこだわっていて、引っかかってしまった人は変えられません」ときっぱり。リスクコミュニケーションを行うにあたり、すべての人に100％わかってもらおうとしても無理ということなのです。

　「どうしてもこちらの話に耳を傾けてくれない人々はおいておいて、ボーダーラインの人々に目を向けましょう。」とのこと。つまり、「私は何をどのように考えたらよいのだろう？」「私はどうしたらいいのだろう？」「こうしたらいいよ

うな気がする…。でも、違うっていう人もいるし…」とボーダーラインで迷っている人々にフォーカスし、働きかけることが大事なのだそうです。なぜなら、このボーダーラインの人々こそが多数派であり、その組織の本来の業務の命運に影響を与える人々だからです。掛札氏が専門とする健康心理学の中では、どうやって人の行動を変えるかがひとつの柱で、そこでは対象集団の態度（意識）と行動をサブグループに分類し、サブグループごとに態度と行動に合わせたアプローチ方法をつくることが基本となっているそうです。

　たしかに、リスクコミュニケーションで気をつけたいのは、極端な意見を持っていて、声の大きい人のほうをつい向いてしまい、その対応に追われてしまうということです。でも、そういう人たちの意見や感覚が、多数派とは限りません（おそらく多数派ではないでしょう）。声の大きい極端な人たちに振り回されないように、こちらもしなくてはいけないのです。それよりは、態度や行動を決めかねている人たち、こちらの説明になんとなく理解を示している人たちに、しっかりした情報とメッセージを届けることです。そうしなければ、声の大きい人たちの影響力が大きくなっていってしまいます。また、極端な意見にばかり対応している時に、こちらが感情的になってしまったり、対応に失敗したりすれば、それを見た中間の人たちが離れていってしまう恐れも出てきます。

そんなことは避けたいですよね。

　また、声の大きい極端な意見を持つ一部の人が、ボーダーラインの人や大多数の中間層を積極的に取り込もうとする動きにも注意が必要です。たとえば保育園の場合、「あの先生（または特定の保護者や子ども）、おかしいよね。○○さんもそう思うでしょう？」と特定の保育士や保護者、子どもへのいじめに発展する場合もあるそうです。保育園に限らず、企業を対象に同じようなことをする人もいますが、その動機は安全や健康といった本質的なことではなく、ただ「自分が集団の中心にいたい」「力を持ちたい」という感情だったりすることがあるそうです。そうなると、意図的によくないうわさを広められてしまうこともあるかもしれません。そんなことになる前に、多数派の中間層の人々とのコミュニケーションに力を入れて、備えておくということが必要となってきます。

○　本来の仕事のために何が大切か見極める

　実は、掛札氏の保育の安全研究・教育センターの設立目的は「保育現場という大事な場所で働く方たちの仕事と心を守る」ことです。「子どもの安全のため」には、現場で働く人たちが、本来、あるべき姿で仕事をし、健康な心を保っていてもらわないといけません。それで、掛札氏は保育現場で働く人たちのリスクに注目しているのです。

ここに、保育の安全研究・教育センターのホームページの「組織と目的」コーナーの解説を引用します。

> 「保育の仕事は楽なものではありません。未就学児という、おとなよりもずっともろく、理解力も判断力もまだまだ発達の途についたばかりの存在と共に過ごすことは、それだけで大変な仕事です。そのうえ今は、本来、保育者が専門とする仕事ではない「保護者支援」や「地域支援」という仕事も加わっています。仕事の大変さに比べれば、報酬は決して満足できるものではないと言わざるをえません。そして、保育に携わる人の不足はきわめて深刻であり、大多数の園が人手不足のなかでぎりぎりのシフトを組み、なんとか業務を果たしているのが現実です。一方、日本の場合は社会全体が「子どもの安全」を軽視してきた歴史があり、保育現場における安全は、安全の専門家でもない保育者の方たちに任されています。その結果、当然のことですが、子どもたちの命を奪いかねないさまざまな危険やリスクがどの保育園にもあります。」

○ 価値を侵害されるようなリスクは取り込むべきではない

保育士という仕事に就く人たちに対し、私は「ひたすら優しくて、いい人」といったイメージを抱いています。実際、いい人が多いと掛札氏もおっしゃいます。「でも、人のよさゆえに、抱え込まなくてもよいリスクを背負い込んでいる

ケースが多い」のだそうです。なんでもリスクを抱え込む傾向は、本来の保育園の価値であるはずの保育そのものが手薄になるほど深刻な事態を招くこともあるのだそうです。

　身近な例でいうと、保護者の"おしゃべり"だとか。保育園に子どもを迎えに来たママやパパたちが、自分の子どもを受け渡されてからも保育園の敷地内にとどまり、おしゃべりを続けるということがあります。実は、これも保育園にとってはリスクの一つです。親がおしゃべりに熱中するあまり、子どもに目が届かなくなり、結果的に子どもがケガをすることがあります。その場合の責任は誰にあるのでしょうか。

　理屈から言えば、保育士は子どもを保護者に引き渡しているので、保育士のせいではありません。しかし、場所は保育園の敷地内です。子どもがケガをすれば、保育園での事故ということになります。転んですりむいたというような軽い話だけではなく、保育園の駐車場でほかの保護者の車にはねられるということもあり得ます。そんなことが起きたらそれこそたいへん。保育園の責任問題にも発展します。それほど、園から帰る時のママ友たちのおしゃべりは、保育園にとって大きなリスクなのです。

　もちろん保育園側としては、迎えに来た保護者に「早くお子さんをおうちに連れて帰ってください」と言うべきでしょう。しかし、「せっかく楽しそうにしているママたちのじゃまをしたら申し訳ないな」と思ってしまう優しい保育士たち

も多いとか。こうして、保育園本来の価値を侵害されるような大きなリスクが取り込まれていきます…。いうまでもなく、保育園としてはこのようなリスクは排除すべきです。

しかし、「さっさとお帰りください。もし、ここで事故が起きたら面倒じゃありませんか！」とは言えないものです。でも対策はあります。ある保育園では、「当保育園では、お子さんが敷地から出ていくまでを保育時間とみなし、敷地内にとどまっておられる分は延長料金をいただきます」とシステムを変えたたそうです。そうしたところ、保育園の敷地内での親同士のおしゃべりは減り、皆、すぐに帰っていくようになったとか。お金というきっかけを使っていますが、これこそ、パースエイシブ・コミュニケーションのひとつの形ですね。

○　保育の安全研究・教育センターの活動

掛札氏の保育の安全研究・教育センターでは、ホームページでの情報提供などの活動を行っています。

詳しくは同センターのホームページをご覧ください。
URL：http://daycaresafety.org/

掛札逸美・保育の安全研究・教育センター代表理事

＜参考情報＞

○掛札逸美（かけふだいつみ）

心理学博士、特定非営利活動法人（NPO法人）保育の安全研究・教育センター代表理事。

1964年生まれ。筑波大学卒。健診団体広報室に10年以上勤務。2003年、コロラド州立大学大学院に留学（社会心理学／健康心理学）。2008年2月、心理学博士号取得、同5月卒業。2008年6月から2013年3月まで、産業技術総合研究所特別研究員。2013年4月、センター設立、現職。

著書・共著

「乳幼児の事故予防：保育者のためのリスク・マネジメント」（2012年）

「人と組織の心理から読み解くリスク・コミュニケーショ

ン：対話で進めるリスクマネジメント」(2012年)

「保護者のシグナル」観る聴く応える：保育者のためのコミュニケーション・スキル」(2013年)

「保育現場の「深刻事故」対応ハンドブック」(2014年)

「子どもの「命」の守り方：変える！ 事故予防と保護者・園内コミュニケーション」(2015年)

「保育者のための心の仕組みを知る本：ストレスを活かす心を守る」(2017年)

○特定非営利活動法人保育の安全研究・教育センター

　URL：http://daycaresafety.org/

　メールアドレス：info@itsumikakefuda.com

　ファックス：050-3153-1031

【コーヒーブレーク】

科学的に安全であっても好きにはなれない

宇於崎裕美

　私は自然が大好きです。植物を育てるのも好きです。将来の夢は、山のなかに住み菜園で育てた野菜で自給自足の生活をすることです。しかし、大きな問題を抱えています。虫が大嫌いなのです。特に、ナメクジ、芋虫、ムカデが苦手です。カマキリや蛾もいやです。スズメバチは怖いです。虫嫌いのままでは、大自然の中で生きるという夢が実現できないので、ある日、荒療治を試してみました。

　虫を食べる集まりに参加したのです。精神的にすでに虫に負けている私は、虫に対する抵抗力を養うため、「やつらを食べてやろう」と思い立ったのでした。しかし、その会の趣旨は、精神を鍛えることではく、食材として虫を有効活用しましょうというものでした。調理師資格を持つ先生が用意してくださった生きのいい虫を参加者全員で調理し、出来上がった料理を皆で楽しみましょうということでした。先生によると、毒のある一部の種を除けばほとんどの虫は過熱すれば安全だし、何よりも低コストで大量に入手できる良質な動物性たんぱく質で、将来、地球の食糧難を救うすばらしい食材なのだとか。確かに、2013年には国際連合食糧農業機関（FAO）が食・飼料への昆虫利用を促す報告書を発表し、日本のメディアでも話題になりました。

　その会で、私は生まれて初めて虫を食べました。ペットの餌や釣り餌として売られているミールワームと、蜂の子つまり蜂の幼虫、絹の花と呼ばれる蚕（蛾）の蛹を口にしました。ミールワームと蚕はフライパンで炒ったりゆでたりした後ホワイトチョコにまぶし、蜂の子は生のままバナナとともに春巻きの皮で包んで油で揚げコンデンスミルクをかけて食べました。おい

しくはありませんでしたが、変な味やにおいもなく、特に違和感はありませんでした。

　この会に参加して以降、私の虫に対する許容度はかなり広がりました。虫を見つけるたびにきゃあきゃあ騒ぐようなことはなくなりました。この体験から、専門家から話を聞いたり、実際に触ったりすることは、理解促進や抵抗感の低減に効果があることがよくわかりました。ある程度、受け入れる素地も形成されることが実感できました。

　でも、「嫌い」が「好き」に変換できるほどではありませんでした。いくら科学的に安全である、栄養的に優れていると言われても、積極的に虫を食べたいとは思いません。姿形がやっぱりいやです。突然、現れ私を驚かす彼らの素行も気にくわない…。つくづく、人間の感情は理性に勝るのだと思います。

　しかし、虫の何がいやなのか、もう一度、自分の気持ちを分析してみると、単に外見によるものだということがわかります。

　もし、虫が形状を変え「プロティンパウダー」や「カルシウム粉」になっていたらどうでしょうか。ハンバーグに混ぜたりシリアルにかけたりするのは、そんなに抵抗がないかもしれません。

　さまざまなリスクに取り囲まれて生きなければならない私たち。安全だとわかっている物については、むやみに嫌ったりこわがったりしないほうが、自分自身の精神的負担が少なくて済みます。前向きに生きていくために、無駄にびくびくするのは避けたほうがいいだろうなと思います。

イナゴの佃煮は甘辛くて美味ですが、丸のまま口に入れるのは正直こわい。特に胴体の蛇腹模様がいやです。でも、脚だけなら私は食べられます。

第6章
リスクコミュニケーションにおけるメディア対応

　リスクコミュニケーションは、通常、企業や自治体等事業者に一番近いステークホルダー（利害関係者）との直接対話が中心です。メーカーと消費者、病院と患者、原子力発電所と地域住民というように。しかし、ステークホルダーは事業者から配られる資料を読んだり、担当者から話を聞いたりするだけではなく、日々の生活の中で情報を吸収し、その影響を受けます。なかでも影響力があるのが新聞やテレビなどのマスコミです。従来、マスコミといえば、紙媒体の新聞と雑誌、電波媒体のテレビとラジオの4種類でした。媒体はメディアとも呼ばれます。今は各メディアがインターネットを活用し、ネットでニュースを配信しています。テレビ局や新聞社のホームページには記者が取材してきた最新ニュースが次々と掲載されるし、各メディアが公式フェイスブックや公式ツイッターなどのSNSを展開しているし、メルマガ会員も

募っていて四六時中メールで事件事故について教えてくれます。雑誌の特集記事もスマホで読めるし、見逃したテレビ番組やラジオ番組もネット経由で視聴できます。従来型の紙媒体や電波媒体の広告収入が減ったり、新聞・雑誌の発行部数が落ち込んだりして、マスコミ業界全体が元気をなくしているような印象ですが、ネットとの融合が進んだおかげで、一般人への影響力はかえって増大していると私は見ています。家で新聞をとっていない人もスマホで新聞社提供のニュースを無料で読んでいるのですから。

　リスクコミュニケーションにおいて、事業者が「困ったな」と考えるのは、各種メディアが伝える情報がたいていの場合、"アンチ"に偏っているということです。アンチ遺伝子組み換え作物、アンチ添加物、アンチ・ワクチン、アンチ原発、アンチ電磁波、アンチ化学物質・・・「あれは危ない」「これもダメ」。挙げたらきりがありません。なぜ、記者たちは慎重派というか反対派の言うことばかり聞くのだろうかと事業者は素朴な疑問を持っています。また、そういう状況において事業者は何をすべきなのでしょうか。その答えを求めて、私は毎日新聞生活報道部の小島正美（こじままさみ）編集委員に面談を申し込みました。

　小島氏とは長いお付き合いです。私が広報業界で仕事を始めた30年前、初めて自分のクライアントのプレスリリース（記者向け資料）をお届けしたのが小島氏でした。ここ十年

ぐらいは、リスクに関する研究会やシンポジウムで小島氏のご講演をお聞きすることが増えました。小島氏は医療や健康関係、環境問題、食の安全やリスク、生活に関わるエネルギー問題について幅広く取材されてきた経験から、私たち読者が身のまわりのリスクをどうとらえたらいいのか、あるいは事業者はどのようにリスクを伝えたらよいのか、日本各地で講演されていて、正しいリスクの伝え方あるいは考え方に関する著書を何冊も書いておられます。現役の記者でありながら、メディアの側の視点で、リスクを語る有識者は少ないので小島氏はひっぱりだこです。そんな忙しい同氏に2017年秋、お時間をいただきました。

○ リスクコミュニケーションにおけるメディアの影響力

「企業や官庁など事業者がリスクコミュニケーションを行うときの対象は、専門家、消費者や住民、そしてメディア、つまり記者に分けられます。中でも、記者はとても重要です。なぜなら社会への影響力が大きいからです。それなのに、事業者、特に企業は記者に対し、なかなか働きかけをしようとしない。それはとても残念です」と小島氏はおっしゃいます。たしかにリスクコミュニケーションを行うとき、企業や自治体など官庁は、記者よりも、まずは住民や消費者との直接対話を優先します。私の観察では、リスクコミュニケー

ションをしようとする事業者はテレビや新聞などメディアを怖がって避けているようにも見えます。怖がっていないまでも、扱いにくいと感じているように思えます。なぜ、そうなってしまったのでしょうか。理由は明らかで、マスコミ報道では「アンチ○○」というものが目立っているからです。事業者が進めようとしていることに反対の立場をとることを使命と考える記者や番組が多いからです。

　アンチ○○、○○反対という報道が増える理由には二つあると私は思います。一つは、記者の中には「Bad Newsは Good News」（悪いことのほうが報道する価値がある。なぜなら、読者視聴者が注目してくれるから）と考える人がたくさんいるからです。

　あくまで私の見方ですが、記者という人々は、職人やアーティストのような側面を持っているように思えます。自分の作品である記事や番組をより多くの人に見てもらいたいという欲求があるようです。そして、人間というものは、生物としてのリスクマネジメント本能から「危ないこと」にとても敏感で、リスクに関する情報を知りたがります。「○○は危ない」という記事や番組があれば、読者視聴者はついついそれを見てしまいます。記者と読者視聴者のニーズはうまくかみ合い、その結果、報道は「○○が危ない。だから反対」という方向に偏るのでしょう。

　そして、もう一つの理由はアンチ○○の人たちのほうが、

記者に積極的にアプローチするからです。霞が関の官庁街で、大勢でデモを行ったり、座り込みをしたり、顔出し名前出しOKで取材に応じたりするのは、圧倒的に「〇〇反対派」です。「〇〇推進派」の企業関係者がそのようなことをしている姿を私は見たことがありません。

　この二つの理由から、世間には「アンチ〇〇」「〇〇反対」「〇〇は危ない」報道があふれているのだと私は考えます。

　さて、そのような状況下で、科学的な安全性を確保しているのに世間やマスコミから理解されず、悩んでいる事業者はどうすればよいのでしょうか。小島氏に話をお聞きしました。

〇　自分から記者に話しかけること

　「一人でも多くの記者に理解してもらうことが重要」と小島氏はおっしゃいます。いうまでもなく、社会に対するメディアの影響力は非常に大きい。「一人の記者が書いた記事は、一般消費者の理解者を100人獲得するよりも、社会に対しては変化を与えることができます」と小島氏はおっしゃいます。広報の仕事をしている私の実感もそのとおりです。

　今は、一般消費者のSNS（ソーシャル・ネットワーキング・サービス）の口コミが、商品やサービスの売れ行きに大きな影響を及ぼすことは確かです。「かっこいい」「おいしい」「使い心地がいい」「セレブが使っている」「今、売れて

いるらしい」といったツイッターやフェイスブックの口コミは、何かの商品を買うか買わないかを判断するときにはとても役に立ちます。リスクコミュニケーションにおいてもSNSの口コミは無視できません。しかし、リスクコミュニケーションにおいては、メディアの影響力のほうがはるかに大きいでしょう。あるリスクに関し、専門家ではない一般の人の感覚的なコメントがSNSに100個あっても、見ている人はそれだけではなんとも判断しかねるでしょう。リスクコミュニケーションにおいては、客観的なデータというものが求められるからです。一般の人の口コミにどれだけの裏付けがあるのかはいまいち不安です。その点、新聞の記事やテレビの特集番組などメディアが伝えることは、客観的なデータが裏付けとしてあるに違いないと人々が思っています。新聞記事やテレビのニュースというものは、報道のプロである記者が"きちんと"取材し、科学的な裏をとった上でなされている"はず"で、客観的で"正しいに違いない"と人々は思っています。それゆえ、たった一つの記事であっても一回の放送であっても、それが人の考えや行動に与える影響力はとても大きいのです。とすると、事業者が科学的に安全であることを訴えたいのならば、まずは記者にそれを説明し、理解してもらい、報道してもらわなくてはなりません。さて、事業者はその努力をちゃんとやっているのでしょうか。

　「『正確な情報が一般の人たちになかなか伝わらない』と悩

んでいる事業者や研究者などの専門家の人たちは、各種メディアの特徴や情報の上手な伝え方を知ったうえで、具体的なアクションを起こすべき」と小島氏はおっしゃいます。そこで、具体的に何をすべきか、アドバイスをいただきました。

○　記者を知る

「多くの新聞では、最近は、一つひとつの記事にそれを書いた記者の名前が付記されています。必ず記名されているわけではありませんが、１カ月間、丹念に新聞をチェックすれば、どの記者がどんな業界や分野を担当し、どんなテーマに関心をもっているのかおおよそ把握できます。新聞ごとに記者の一覧表を作ればいいのです。」

あまり一般には知られていないことですが、新聞でも雑誌でも記者たちの担当分野は、細かく分かれています。まずは自分たちの事業分野について、誰が担当しているのか調べることから始めましょう。

○　記者にコンタクトする

自分たちの事業分野を担当する記者が見つかったら、いよいよその記者にコンタクトしましょう。小島氏は記者に手紙を送ることを奨めています。「貴紙をいつも読ませていただいています○○と申します。あなたの記事をとても興味深く読ませていただきました。ぜひ、そのテーマに関して、私た

ちのもっている情報を聞いていただきたいといった感じで書いて送れば、その記者と友達になれますよ（笑）」とのことです。

　小島氏のおっしゃる「友達」とは、楽しくおしゃべりしたりお酒を飲みに行ったりする間柄という意味ではありません。お互いの仕事に関して、いつでも連絡を取り合え、情報交換できるということです。さらに、事業者のほうから「今、当社事業について反対運動が起きていますが、当社事業には社会的な意義があります。新聞はいまも公器だと考えております。そして報道は公正、公平を軸に伝えるべきものだと考えておりますので、ぜひ、私たちの話も聞いていただけませんか」と言って、心を込めれば、意外に記者と腹を割って話ができるということです。記者が求めているのは、ニュースになる新しい情報なので、その情報を提供するのだという気持ちをもつことが大事です。

　どの記者がどんな記事を書いているのか、私も仕事で調べます。ただ、私の場合は、最初に記者にコンタクトするときは、手紙より電話が多いです。新聞社の代表番号にかけて、「この記事を書いた○○記者とお話ししたい」と伝えるとけっこうつないでもらえます。代表電話からつないでもらえないときは、小島氏のお薦めのとおり、手紙を送ります。新聞社の電話番号や所在地は、新聞の一面に出ています。ネットで調べることもできます。

○ 各新聞社に5人の友達を持とう！

小島氏は、「各新聞社に5人の友達を持つといいですね。政治、経済、社会、科学、生活の5つの分野の編集部にそれぞれ一人ずつ仲の良い記者がいるという状態が理想的」とおっしゃいます。

繰り返しますが、新聞社の記者は、細かく担当が分かれています。一人の記者がなんでも書いているわけではありません。毎日新聞ならば、政治、経済、社会、科学、生活に関する記事は、それぞれ政治部、経済部、社会部、科学環境部、生活報道部と別々の部署が担当しています。ほかの新聞社も経済部、社会部という名称は同じです。しかし、科学技術を担当するところは科学医療部だったり、生活情報を扱う部門は文化部や生活部、文化くらし報道部だったりと少しずつ部署名は違っています。いずれにせよ、企業や自治体等事業者のリスクコミュニケーションの担当者は、政治、経済、社会、科学、生活各分野の記者を新聞社ごとに押さえておきたいものです。リスクは、切り口によってさまざまな報道のされ方をするからです。

○ 何をすべきか、10のアクション

小島氏はメディアに対し具体的に何をすべきか、10のアクションを教えてくださいました。以下に、私が小島氏から直

接お聞きしたことをご紹介します。これらは、リスクコミュニケーションに限らず、普段の広報活動でも心がけるべき重要なことだと思います。

＜小島正美毎日新聞編集委員が提唱する「何をすべきか、10のアクション」＞
アクション①＜タイミングよく、躊躇なく記者会見を開く＞

　自分が伝えたい情報を、いざフェイスブックなどSNSで伝えようとしても、その伝達力は意外に低い。衰えたとはいえ、やはり既存のメディア（新聞やテレビ）の力はいまも大きいです。主要メディアが一斉に報じれば、一挙に数百万人から１千万人以上の人に伝達できる。その手段として、記者会見はいまも有用です。

　具体的な例を挙げましょう。2016年11月、幅広い分野でリスクを研究する「日本リスク研究学会」の討論会で、東京の築地市場はそのままがいいのか、豊洲に移転するほうがいいのかという議論になったとき、リスクの専門家たちは「衛生管理システムから見ると、絶対に豊洲のほうが安全」という意見で一致しました。ところが小池知事は、「豊洲は地下水から基準値を超えるヒ素、ベンゼンが出ました。『安心』できません」と言い出しました。安全かどうかなら科学者が決める問題でしたが、安心という話にすり変わって、政治的な問題になってしまったのです。リスク研究学会の集団では一致していた「豊洲のほうが安全だ」という見解はあまり報道されません。

そこで、意を決した３人の研究者が「黙っていてはだめだ」と考えて、「小島さん、どこか会場を借りて記者会見を開こうと思うので、記者を集めてもらえませんか」と相談が来ました。私は、「それなら、もともと記者たちが集まっている東京都庁の記者クラブで記者会見をすればいいですよ」と助言しました。それで彼らは記者クラブに連絡をして、「リスクの多数の専門家は『豊洲のほうが築地より安全』と言っているので、私たちがそれを説明します。賛同署名もたくさん集めて持っていきます」と言ったら、記者クラブが受け入れてくれて、記者会見が行われました＊。この記者会見で研究者はテレビでも絵になるよう見やすいフリップを使って、衛生管理システムの詳細を説明したら、記者たちは「豊洲のほうが安全だ」と納得したようでした。記者クラブで記者会見をすると、いろいろなメディアの記者たちと名刺交換をするので、記者と知り合うチャンスが増えます。それをきっかけにして、記者との接点ができると、今度はテレビや新聞から専門家としてのコメントを求めてくるようになります。このように積極的なアクションを起こして、メディアに果敢にアクセスしていかないと、伝えたいことは伝わりません。
（＊宇於崎注釈：これは第４章に登場する山崎毅先生らが行った記者会見のことです。本書34ページ参照
・2017年３月30日　都庁記者クラブで【豊洲市場移転問題の「食の安全と安心」に関する専門家の統一見解】について記者会見）

アクション②＜おかしな情報、間違った記事に対して、訂正を求める＞

　おかしな情報、間違った報道に対しては、必ず「訂正を求める」ことです。テレビや新聞で間違いを見付けたときは、黙って見過ごさずに、間違いを正すための行動を起こしたほうがいいということです。なぜかといえば、間違った情報でも、それに気づく人はほとんどいませんので、その間違いの情報が何度もメディアに繰り返し登場するからです。

　しかし、いったん間違いだと分かり、訂正が出れば、他の媒体の記者も気づくし、当事者の媒体も、二度と同じ過ちを犯さずに済みます。

アクション③＜抗議・訂正要求は、すぐにやる＞

　抗議・訂正要求はすぐにやることです。すぐに、が大事です。たとえば、１週間もたってから、訂正を求めても、やらないよりはよいでしょうが、いまさら訂正を出す事は難しいと言われてしまう可能性が強いです。

　例を挙げましょう。2016年10月、ある大手新聞が「政府が年金の不適切な試算をした」と報じましたが、これは間違いでした。それで厚生労働省が猛抗議をして、ホームページのトップに「○○新聞の年金関係の記事に事実誤認ありと抗議・訂正要求をしました」と載せました。役所がホームページのトップに訂正要求を出したのは、たぶん歴史的に初めてではと思います。相当な自信があってやったのですね。この後、その新聞社は訂正記事を出しました。最近は、食品安全委員会もすぐにア

クションを起こしています。すぐにやることが大事なのです。時間がたつほどニュース性は落ちていきます。ニュースの賞味期限が落ちないうちに訂正を求めれば、メディアも対応してくれるでしょう。

アクション④＜記者を友達にする＞

　いったん記者と親しくなると、意外にも困ったときに記者が記事を出す形で助けてくれることもあります。記者と仲良くなっておくと、いざというときに役立つこともあるのだということを知っておくとよいですね。記者と知り合うためには、日頃から、記者が来そうなセミナーやシンポジウムに出て、記者と名刺を交換する機会を増やす必要があります。ちょっとしたきっかけで記者と親しくなれます。そのきっかけを見逃さない心がけが大切です。

アクション⑤＜メディアに抗議するときは、だれがよいかを考える＞

　自分または自社に関係する記事やニュースに間違いがあった場合、記事を書いた記者に抗議するのか、社の上層部に訂正を求めるのか、それとも読者センターのような窓口に言うのか、けっこう難しいです。どこに抗議の矛先を向けるかは、自分の名誉がどれだけ傷ついたかの程度によります。著しく傷ついた場合は、訂正では済まないため、社長または社長室、または記者の属する部長に書面で訂正とおわびを求めるのがよいでしょう。

　しかし、間違いといっても、表現がちょっとおかしいとか説

明が不十分だという程度であれば、記者にその旨を伝えたうえで、どこか別のところで「もう一度、正確な記事を書いていただけませんか」とお願いするのもよいです。記者とケンカするのが目的ではないので、こういう機会に記者と仲良くする手もあります。

「もう一度、近々書いてください」という言い方は意外に効果があります。私自身もそのような経験があり、２度目の記事のほうが扱いが大きかったというケースもありました。抗議、訂正、おわびの目的が何かをよく考えて、記者や媒体にアクセスすることが大事です。

アクション⑥＜メディア内にある読者室、第三者機関を活用する＞

記事の間違いに対しては、記者だけでなく、メディア内にある読者室や広報部などに訴える手があります。さらに、毎日新聞や朝日新聞のように、外部の識者でつくった第三者機関もあり、そこに訴えることも考えましょう。訂正を求める場合、「読者室」や「読者センター」に電話かメールして、「記者に問い合わせて返答をください」と言うのがよいでしょう。読者センターは必ず関係部長に調べさせ、ちゃんとした回答を出します。第三者の「開かれた新聞」委員会に訴えた場合は、「これは重要な間違いです。必ずそこで議論してください」と言えば、議論の結果は紙面にも載ります。

なぜ間違いが起きたかの理由も紙面に載ることがあります。毎日新聞の場合、こういう読者からの問い合わせにまじめに取

り組んでいます。その意味でも、毎日新聞は信頼できるという声を聞いたことがあります。

　地方紙には第三者の機関がほとんどありません。毎日新聞のような「第三者委員会をつくってほしい」との要望を地域の新聞社に出すことも大事だと思います。それから最近は、ネット上での批判を受けて訂正を出すことも増えていますので、ネットで批判することもよいでしょうが、直接的な行動ではないため、メディア側の反応が分かりません。やはり自分で新聞社とテレビ局に対しアクションを起こすほうがよいでしょう。

アクション⑦＜「即座のカウンター情報」を出す＞

　間違いがはっきりしていれば、訂正やおわびを求めることになりますが、大きな間違いではなく、ものの見方が非科学的だとか、説明が科学的ではないとかいう場合には、「これが科学的な説明です」といったカウンター情報を「即座」に出すことが重要です。素早く対応することが生命線です。

　たとえば2015年10月26日に、WHO（世界保健機構）傘下のIARC（国際がん研究機関）が、「ハムやソーセージなどの加工肉には、発がん性がある」、「レッドミート（生肉）には、おそらく発がん性がある」と発表したというニュースが流れました。これを受け、翌27日にテレビや新聞は、「加工肉の発がん性は、５段階ある危険度のうち最も高い分類に当たる」、「赤身の肉はおそらく発がん性あり」などと報じました。発がん性ありはグループ１のことですが、それは危険度が最も高いという意味ではありません。記者は間違った説明をしたわけです。

そこで、食品安全委員会や国立がん研究センターが即座に動きました。「グループ１の発がん性ありは、食べて危ないという意味ではない。グループの分類は証拠の順番であって、危ないランクの順番ではない」や「日本人の加工肉の摂取量は世界的に見て少ないので、がんになる実際のリスクは低い」といった見解を出したのです。この即座のカウンター情報は極めて効果的でした。間違いに気づいたメディアはすぐにニュースとして、国立がん研究センターの見解などを取り上げ、軌道修正しました。この行動は、記者にも、視聴者・読者にもプラスとなったカウンター情報の良い例でした。

　カウンター情報は、科学者の集団が行うのが一番よいでしょう。その意味では科学者が仲間同士で集団をつくって、メディアに対応する連携ネットワークを築いてくれるとよいですね。

アクション⑧＜世間の共感を得る謝罪の仕方を考える＞

　メディアが重視するのは市民の共感です。記者に共感をもってもらうことを常に考えて、ものの言い方を考えるということです。例えば、何かしくじったときでも世の中の共感を得られる表現がいい、ということです。

　最近はタレントや国会議員の不倫がよく話題になっていますね。ここで大事なのは、ウソを言わないこと。そして、人間味のある謝り方をすることです。あるタレントが不倫問題で週刊誌などに叩かれたとき、そのタレントは最初に「友達です」と否定してしまいました。つまり、ウソを言ったのです。あとでそのウソがばれ、また、叩かれましたね。私なら、詩人の相田

みつを氏の詩を引用して、「好きになってはいけない人を、好いて苦しむ、このわたし」といった表現でお詫びしますね。そして会見ではこの詩を引用しながら、「人って弱い生き物ですね。私も、いけないとは思いつつ、好きになっちゃったんです。ごめんなさい」と謝ったでしょう。誰だって、誰かを好きになってしまう経験があるはずです。だから、好きになってしまったという弱みを正直に吐露すれば、世間の共感が得られるはずです。週刊誌に反論するのではなく、弱さを出すほうが共感を得やすいのです。

蛇足ですが、個人的な不倫にいちいち世間に向けた説明責任が必要かどうかという問いを発するのもよいかと思います。そう思っている市民が多いからです。市民に向けて、「不倫は家族にわびる問題であって、そのプライベートな中身を赤の他人に説明する必要性は低いと思いますが、皆さんはどうお考えでしょうか」といった言い方でメディアに問うのもよいように思います。

アクション⑨＜新聞の見出しになるようなわかりやすい言葉、言い方を伝える＞

皆さんはおそらく、「遺伝子組み換え（GM）」というと、何となく悪い、危険なイメージをお持ちだと思います。遺伝子組み換えのトウモロコシの茎や葉には、害虫がかじると死んでしまうタンパク質が入っています。そのタンパク質は生物農薬として、有機農業でも使われるもので、人に害はありません。しかし、日本の消費者の一部や生協は、遺伝子組み換えではない

トウモロコシを求めます。すると、アメリカの農家では、何をやるかといえば、害虫を駆除するためにせっせと殺虫剤を撒きます。大量の殺虫剤を撒いてつくられた作物が、実は、非組み換えの作物として日本に入ってきているのです。言葉は悪いですが、農薬浸けがノンGMだということです。もちろん、生産者は、健康にも環境にもよくない殺虫剤はできるだけ使いたくないので、遺伝子組み換え作物をつくっているわけです。今では、大豆、綿、トウモロコシ、ナタネは遺伝子組み換えが90％以上を占めるまでになりました。これだけ組み換えが普及したのは、農薬の削減など生産者や消費者にメリットがあるからです。

　2016年にアメリカ科学アカデミーは、多くの文献や意見、コメントなどを参考にして、遺伝子組み換え作物のことを詳しく調べた報告書を出しました。報告書は、「組み換えの普及で殺虫剤が減少した。非組み換え作物の畑でも殺虫剤の使用が減った」、「組み換え作物の農耕地では、生物の多様性が増えた」と発表しています。遺伝子組み換え作物が普及した結果、多様な生物が復活したというのは、重要な情報ですから、こうしたことを分かりやすくきちんと伝えていくことが必要なのです。ただ、専門家の方たちはこういう事実を知っていても、それを世間に伝える技術が下手なのです。まずはアクションを起こしてみることも必要ですね。遺伝子組み換え技術は、インスリンなどの医薬品をつくるのにも使われていますし、ノーベル賞の対象になったiPS細胞も遺伝子組み換え技術を応用したも

のです。でも、こちらはイメージが良いからでしょうか、医薬品やiPS細胞には誰も反対しません。ですから、医学の世界では当たり前の技術がなぜ、食品だと反対されるのか、という視点も、分かりやすい情報として伝えていくことが重要です。

　読者に正しいイメージをもってもらうための的確な言葉も重要です。

　たとえば、2013年の12月、マルハニチロの子会社のアクリフーズ群馬工場で農薬混入事件がありました。農薬を意図的に混入した契約社員が逮捕されたあと、マルハニチロは会見を開いて、「すみません。見抜けませんでした」と全面的に謝り、被害者であるはずのマルハニチロが悪いような感じで報道されました。しかし、何人かのリスクの専門家に取材をすると、農薬を意図的に混ぜて人を無差別に殺そうとしたのだから、「食品のテロ」だと言っていました。もし会見で事業者が「これは食品テロです。初めてのことで本当に対応の難しさを体験させていただきました」と言っていたら、「ひどいことをするヤツがいるものだ。会社がかわいそうだ」という話になっていた可能性もあります。的確なイメージをもってもらうためには、熟慮した末に「食品テロ」という言葉を編み出す努力も必要です。言葉ひとつで世論の風潮は変わります。

アクション⑩＜「動じない力」を養う＞

　福島第一原子力発電所の事故後、国が掲げた「年間1ミリシーベルト以下」という除染の長期目標を巡って、当時の丸川環境大臣が「1ミリシーベルトには何の科学的根拠もない」と

言って、叩かれたことがあります。丸川さんは、この発言を撤回しましたが、「1ミリシーベルトに科学的な根拠がない」というのはどの専門家も言っていたことなので、撤回する必要はなかったのです。最初の発言を貫き通し、そのまま動じなければ、世の中は「ああ、そうなんだ」と思うチャンスだったのです。しかし、撤回してしまったことで、さも1ミリシーベルトには根拠があるかのように一般の人は思ってしまったわけです。こと科学の分野では政府が動じない姿勢を見せることは重要なことです。放射線の専門家が政府に対して「撤回する必要はない」と助言できなかったのかと悔やまれます。

（補足―豊洲市場について）

　東京都は2017年12月20日、豊洲市場の開場日を2018年10月11日と決定。小池百合子知事は2018年2月17日に築地市場を視察した際、豊洲市場については追加の土壌汚染対策工事とその検証を踏まえた上で「私が安全・安心について宣言する」と語った。

小島正美毎日新聞東京本社生活報道部編集委員

＜参考情報＞

○小島正美（こじままさみ）

　1951年愛知県犬山市生まれ。愛知県立大学卒後、毎日新聞社入社。松本支局などを経て、東京本社生活報道部編集委員。主な担当は食の安全、健康・医療問題。東京理科大学非常勤講師。農水省や東京都など審議会委員も務める。「食生活ジャーナリストの会」（約150人）代表

著書

「誤解だらけの遺伝子組み換え作物」（2015年）

「メディアを読み解く力」（2013年）

「誤解だらけの放射能ニュース」（2012年）

「正しいリスクの伝え方―放射能、風評被害、水、魚、お茶から牛肉まで」（2011年）

「こうしてニュースは造られる―情報を読み解く力」(2010年)

「誤解だらけの「危ない話」―食品添加物、遺伝子組み換え、BSEから電磁波まで」(2008年)等多数

○「食生活ジャーナリストの会」

「食」をテーマとして活動するジャーナリスト集団

URL：http://www.jfj-net.com/

コーヒーブレーク

「わかりやすく」は「詳しく」ではない

宇於崎裕美

　広報を専門とする私は、ほぼ毎日、様々な企業のプレスリリースを書いたり、編集したりします。プレスリリースとは、報道関係者向け資料のことです。記事やニュースとして広く世間に知らせてもらうことを目的に、新聞社や雑誌社、テレビ局の報道部やウェブ媒体の編集部にプレスリリースを送ったり、記者発表会で配ったりします。

　プレスリリースの書き方で重要なのはわかりやすく表現することです。良いプレスリリースとは、読み手である記者がパッと見てパッとわかるものです。５Ｗ１Ｈが網羅されているのはもちろん、何を世間に伝えたいのか、情報発信者のメッセージが明確であることが重要です。しかも、文章量は多すぎてだめで、Ａ４　１枚がベストとされています。

　わかりやすく書くというのはたいへん難しいことです。プレスリリース原稿の編集作業をしているとき、情報発信者である企業側の担当者に「ここのところをもっとわかりやすく説明したいのですが」と相談すると、かえって難しくなって返ってくることがあります。専門知識が豊富な担当者は詳しく書き込みすぎるからです。

　一般的に、技術者など理系の人々は、「わかりやすく」ということを「詳しく」と解釈しがちです。わかりやすくするためには、より多くの数字や細かい説明が必要だと考えてしまうのですね。専門家が同じ分野の専門家に説明するときはそれでいいのですが、対象が記者や一般の人々の場合は違います。

　わかりやすい説明とは、「一言で表現するとこういうこと」ということです。詳しくではなくシンプル。そのほうが人は

"ピンと来る"のです。また、世間との関連性を明示することも大切です。「これは、あなた方の生活にこういうふうに影響します」というところまで踏み込んで表現できると、相手が関心をもって見てくれます。そして、専門用語より、身近な話し言葉のほうが部外者には伝わりやすいです。

　わかりやすい表現方法を身に着けるためのおすすめの訓練方法は、新聞や雑誌、ネットニュースの見出しと小見出しをたくさん読むことです。限られた文字数やスペースで、ポイントを表現しようと、プロの記者や編集者が知恵を絞った見出しや小見出しは究極の文章表現です。テレビCMも参考になります。たった15秒や30秒の中に、視聴者に"直感的に"わからせる工夫が満載です。

第 7 章

リスクコミュニケーションの本質

　リスクコミュニケーション略してリスコミという言葉は、マスコミ報道や産業界、行政の現場ですでに市民権を得ています。しかし、実態はどうなのでしょう。はたして皆、同じ意味で使っているでしょうか。素朴な疑問を感じた私は、横浜国立大学に野口和彦リスク共生社会創造センター長を訪ねました。私は大学や安全工学会の会合等で年になんどか野口先生にお会いします。高い視点から物事の本質に迫る先生の姿勢に私はいつも尊敬の念を抱いています。

　横浜国立大学リスク共生社会創造センターは、21世紀社会におけるリスク対応の在り方を研究し、対応策の社会実装に寄与することを目的に設立されました。野口先生は、民間シンクタンクの三菱総研で安全政策研究部長や研究理事を歴任され、2015年の同センター設立時、初代センター長に就任なさいました。産・官・学におけるリスクマネジメントの実態

に精通されている野口先生に、日本のリスクコミュニケーションの全体像とその問題点についてお伺いしました。

○ リスクコミュニケーションにはいろいろなパターンがある

　野口先生は、リスクコミュニケーションの定義が明確になっていないことが問題だとおっしゃいます。「今のリスクコミュニケーションの問題は、リスクコミュニケーションとは何かということを関係者で共有せずに進めていることです。このことは、リスクコミュニケーションの双方の当事者間でも起きていることですし、企業や行政の現場の担当者と、それを命じている会社や自治体の間でも起きていることです。」

　次に、コミュニケーションの二つのタイプについてお伺いしました。お話の概要は、以下の通りです。

　「リスクにはいろいろな意味があります。また、コミュニケーションにはいくつかのパターンがあります。さらに、当事者の思惑は様々で、それらの組み合わせで、リスクコミュニケーションは複雑化しています。まず、コミュニケーションには、"伝達"と"対話"という二つの意味があります。伝達は、情報を知らせたい者が知らせたい事を知ってもらいたい人々に知ることが出来る方法で知らせることです。リスクコミュニケーションも、最初はこの概念でした。今でも、

この活動が重要な場合もあります。この伝達の限界が明らかになって、もう一つの対話という概念が現れました。

では次に、対話としてのリスクコミュニケーションの話です。仮に甲をリスクの原因を持っている側、例えば事業者である企業だとします。乙をその影響を受ける市民だとします。甲と乙の間にはいくつものコミュニケーションのパターンが生じますが、まず多い例を述べます。

パターン１：甲が主体、乙は受身

甲（企業）が、自社の事業や製品が安全であることを説明するために、甲が自分で"説明するリスク"を定めて、その分析結果を基に論を展開するもの。つまり甲が自分の視点でリスクを定め、乙（市民）に理解してもらおうとする場合です。乙はあくまで受身で、甲とのコミュニケーションを懐疑的に思っている、あるいは面倒くさがっているかもしれません。このパターンは伝達に近いもですね。

パターン２：乙が主体、甲は受身

リスクに敏感な乙（市民）に、『私たちが影響を受けるリスクを何故理解しないのかという怒りや、甲に対する不信感』があり、甲（企業）の方針が悪いと決めつけ、一方的に甲に政策の変更を求める場合です。」

どちらも「それぞれが自分の考えるリスクを主張しているだけで話し合いになっていない」と野口先生は指摘します。

私、宇於崎も、現状のリスクコミュニケーションは、甲と

乙の立場がイコールというよりも、上記のパターン1あるいは2が多いのではないかと思います。甲と乙は立場が違いますし、リスクコミュニケーションをしなくてはならないと感じているひっぱく度も違うので、どうしても片方だけが熱くなりがちです。しかし、これでは意見の言いっぱなし、情報の一方的な伝達だけで、コミュニケーションにおける双方向性というものはありません。一人相撲で暖簾に腕押し、熱い側の徒労感は増すばかりです。

パターン1の場合、話し合いが成立していないので、野口先生によると「企業のほうは市民との共生のために自分の組織をどうすればいいのかというところまで考えが及ばない」のだそうです。

そもそも、自分たちが一方的に自分たちの言いたいことを言っているだけでは、相手は聞いてくれません。そこで、どうしたら聞いてもらえるのか、コミュニケーションの技術に走りがちになります。「相手に如何に自分の考え方に同意させるかという手法を考えるだけで、相手の話を聞いて自分たちの活動の改善を行うという視点を忘れている。」と野口先生はおっしゃいます。

「乙（市民）も自分の主張を繰り返し、相手の話を聞く姿勢がない場合もある」そうです。パターン1の場合は、乙は甲の言っていることが理解できないし、パターン2の場合も、乙がいくら懸命に訴えても甲が真剣に受け取ってもらえ

ないので、結局、"コミュニケーションすること自体が無駄だ"と思えてしまうでしょう。

　また、乙のなかには、「わからない」ということを当然のこととして、「自分をわからせるのはそちらの仕事」とばかりにひたすら受け身に回る場合もあるようです。ひたすら受身で甲からの説明を待っている場合です。自分でわかる努力をしないので、どんな説明を受けてもいつまでたってもわかりません。

　パターン1の場合も2の場合も、「知りたいこと、欲しい情報がちがうのに、どちらかの観点だけで終始させようとしています。しかし、そのことに気づいていない。まずは、リスクコミュニケーションには、様々なパターンがあって、今、自分がやろうとしているのはどのパターンか整理すべきです」と、野口先生は、学問的な整理と体系化の重要性を説かれます。

　理想は、甲も乙も対等でそれぞれが同じ問題意識を持ち、相手の立場を尊重しつつ、相手の言い分に冷静に耳を傾け、感情的にならずに自分の主張を展開し、意見交換することですよね。これがパターン3だとすると、きっと現状ではきわめて希なのでしょう。

○ コミュニケーションとは人生をよりよくしたいという活動

　野口先生はまた、「多くの企業はリスクコミュニケーションの問題を、リスクコミュニケーションの場だけで解決しようとしています。しかし、1時間の会議だけでわかりあうのはむずかしい。話し合いの場だけで相手の言い分を理解するのは無理です。直接対面の場だけでなく、それぞれが勉強すべき事も多い」ともおっしゃいます。

　「一般的に説明を受ける側には、事前に何もせずに出席する人も、十分に勉強をしていく人もいる。しかし、企業は準備してこない人を前提に、話をしようとする場合が多いように思います。聞く人のレベルが違うのに、同じ話をしても話し合いがうまくいかないのは当然です」と野口先生はおっしゃいます。

　準備万端の人というのは、その議題に対して既に自分の意見を持っている人（いわゆる反対派、しかも強硬派といわれる人も含まれます）が多いような気が私はします。企業や自治体のやり方に反対したり問題提起をしたりするために、理論武装してくる人たちです。リスクコミュニケーションのために住民説明会などを開くときは、このような人たちもやってくるということを念頭に置かねばなりません。それが、企業や自治体のリスクコミュニケーション担当者の気を重くす

る要因であることはまちがいありません。

　野口先生いわく「最初からプラスとマイナス、違う意見の人たちが対立する場合、会議はコミュニケーションというよりディベートになってしまいます。」たしかに、ディベートになってしまうと、せっかくの話し合いの場で対立構造がより鮮明になってしまいます。対立するためのコミュニケーションでは双方に実りはないでしょう。

　このような事態を改善するためにはどうすればよいでしょうか、野口先生は、「この話し合いはどういうレベルのどういう目的で行われるのかを、最初に明確にすべきです。最初にコミュニケーションの目的が整理されていないことで問題が生じるのだと思います。コミュニケーションというものは、単なる賛同の場でもなければ、反目するための場でもない。目的があるはずです。コミュニケーションとは、より少しでも相手を理解したい、自分のこともわかってもらいたい、そして、自分たちの人生をよりよいものにしていこうという活動です。だからこそ、話し合いの場では、最初に共通の問題設定を行うことが大事です。それをせずに、意見の差異を意識して、意見の差異が多きいところだけを言い合っても、話し合いにはなりません。お互いが自分の言葉を発しているだけですよね。」そうですね。今、なんのために話し合っているのか両方とも見失っている状態になってしまいます。「そこで、一つの解決策として、双方の立場を理解している

議長を立てることが上げられます。」なるほど。

　しかし、多くの場合、企業の一般の担当者は、説明会の場で相手から言われるものはなんでも聞かなくちゃいけないと思い込んでいる節があります。それは今日の議題ではありませんとはなかなか言えません。少しでも相手の気にさわることをしたらまずいと思ってしまっているようです。それで、急に相手から新しい課題を突きつけられたとき、どうすればいいのか途方にくれます。『今日はお答えできないので、その課題は持ち帰ります』としかいえないことが多いようです。野口先生のアドバイスは「『持ち帰ります』というと、その瞬間に本日の議題になってしまいます。担当者が抱える問題がどんどん増えてしまいます。今日の目的や議題からはずれていることならば、議長あるいは担当者がはっきりと『それは今日の議題ではありません』と告げればよいのです」と明快です。そうすれば、本来の目的のコミュニケーションに戻れますね。

○　担当者の権限と義務を明確に

　企業や自治体など組織におけるリスクコミュニケーションの担当者にはジレンマがあります。自分はリスクコミュニケーションの場でどこまで何を話していいのだろうか、住民や消費者の要望をどこまで聞けばいいのだろうかということがはっきりわからないということです。このことについて、

野口先生にお聞きしました。

「企業等のリスクコミュニケーションの担当者にはコミュニケーションの相手が二人います。一人はコミュニケーションの直接の相手。つまり、住民や消費者です。もう一人は自分の上司です。リスクコミュニケーションの現場で、自分の実施すべきことはどの範囲なのか？状況を伝達するための説明会なのか？単なる聞き取り、ヒアリングなのか？上司に確認する必要があります。『コミュニケーションをやってこい』と上司に言われて、目的や自分の責務があいまいなまま現場に向かってはいけません。会社に問いただして、担当者として自分の位置づけを明確にすべきです。そして、企業で大事なことは、リスクコミュニケーションによって知ったステークホルダーの意見によって、企業活動を変えていく仕組みを持っていることです。対話というものは、話し合いをして相手の意見が正しいと思った場合には、自分の意見を変えるという姿勢が大事です。自分の意見は変えるつもりはなく、説明して相手の意見を変えようとするのは、説得であり対話ではありません。」

「また、自分の業務の目的や役目をはっきりさせるということは、リスクコミュニケーションに限った問題ではありません。組織の問題です。会社と社員、あるいは自治体と職員の間の問題です。」たしかに、それは働き方の問題で、組織内風土や文化に関わることですね。実際には、「やってこい」

と言われると、自分の権限も義務もあるいは業務の目的もあいまいなまま走り出す人は多いと思われます。私も会社員時代はそうでした。いちいち上司に確認するのは面倒だし、細かく問いただすとうとまれるので、つい黙ってなんとなく始めてしまうことがありました。そのせいで、よい成果を出せなかったこともありました。上司あるいは会社の期待と、自分の目標がずれていたからです。

○　リスクコミュニケーションは魔法の杖ではない

　リスクコミュニケーションの目的や、担当者である自分の権限と義務があいまいなまま事を始めてしまうと、正直に「わからない、知らない、できない」ということが言えなくなってきてしまいます。なんとなく、それは自分たちの責任範囲じゃないんじゃないか、と思っても、自分自身がよくわかっていないので、リスクコミュニケーションの相手にはっきりいえるわけがありません。そこで、なるべく核心に触れないようあたりさわりのない話し方をして、相手に揚げ足をとられるぬよう、びくびくと注意してるだけになってしまうことも出てくるでしょう。

　「リスクコミュニケーションでは、相手に揚げ足をとられぬようにと、自分のリスクを最小化しても意味はありません。また、リスクコミュニケーションはうまいことやれば、相手を納得させ、自分も非難されないという魔法の杖ではあ

りません。むしろ、リスクコミュニケーションをすることにより、外部のステークホルダー（自分たちと関わりのある外部の人たち。利害関係者）から、自分たちの弱みを指摘されることで次のステップに進める場合もあります。指摘されれば、自分たちが考え方を変えたり体制を改善したりする余地があることを知ることができます。」たしかに、リスクコミュニケーションを行うとき、自分たちのやることはもう変えられないのだから、あなた方に受け入れてもらうしかない、という強硬な態度で対面していては相互理解も信頼の醸成もあり得ないでしょう。あなた方の意見により自分たちには変化する余地はありますという態度で臨むほうが、相手との距離は縮む可能性は高そうですね。

◯ 自分の苦労を分析しよう

「リスクコミュニケーションがうまくいかないのを、話し方の問題に集約しないほうがいいです。リスクコミュニケーションを行うとき、不安に思ったり、苦労だと感じたりするのなら、なぜそう思うのか分析してみることです。それはもしかすると、住民や消費者などリスクコミュニケーションの相手のせいではなく、別のところに原因があるのかもしれません。」たとえば、会社の上司から自分は評価されるのだろうか？という不安が苦労の原因なのかもしれませんね。

会社や自治体がリスクコミュニケーションをするとき、住

民や消費者との話し合いを何のためにするのかという目的があいまいだと、担当者の評価基準もあいまいになってしまいます。そのために、担当者は不安になり苦労も増えます。やはり目的設定が大事だということなります。

〇　お化粧はするな、ありのままを示せ

「先日、学生たちの研究の中間報告会がありました。そのとき、学生には、『うまく行っているというお化粧はやめろ』と言いました。これまでやっていない、まだ不足だということを知るのが中間報告の目的だからです。」中間報告の時点でまだできてないことがわかれば、最終報告までに修正したり、アクセルをかけたりできますものね。

「でも、学生たちは最初にお化粧のことばかり気にするのです。教官に対して、うまく行っているように見せたいのですね。現状の多くのリスクコミュニケーションもそれに似ています。相手と話し合いをして、自分の会社が対応できてないことを知ることが、コミュニケーションの成果であり、問題解決への近道です。それなのに、問題がないようなふりをして波風を立てずに話し合いを進めようとする傾向があります。」なんだか健康診断の直前に少しの間だけ節制して、検査結果をよくしようとするのに似ています。ダイエットして一瞬だけ体重を落としたり、禁酒をして肝機能の数値をよくしようとしたり、、、。そんなことをしていると、病気の予兆

を見落としてしまうかもしれないのに、つい目先の安心だけを求めてしまう気持ちは私もわかります。

しかし、健康診断の本当の目的は、検診の日だけよい数値を記録することではなく、最悪の事態の予兆を早めに知って早いうちに改善することです。しかし、最悪の事態の予兆を知るのはこわいので、なかなか直視できないというのが人間の弱いところです。

「リスクコミュニケーションというのは、いわば企業や自治体が健康診断を受けるようなものです。ありのままの姿を相手に見てもらい、よくないところを指摘されたなら、改善すればよいのです。まずは余計な取り繕いをせず、ありのままの姿でいること、それが大切です。しかし、今は、ネガティブな意見をもらうとダメだと事業者が思ってしまって、リスクコミュニケーションの活動が不自由になっている場合もあります。」この野口先生の言葉に、耳が痛い思いをしている人は多いのではないでしょうか。

〇 いい成果を出すためには正しく問うことが大切

最後に、これからリスクコミュニケーションをしていく人々へのアドバイスを野口先生にうかがいました。

「私の所属するリスク共生社会創造センターでは、何をリスクとして議論すれば、望ましい社会や状況の実現のための判断に有効なのかを明らかにしようとしています。今の日本

ではどこもこの視点が弱い。これは大きな問題です。ただ自分の意見を言うためだけに行われていて議論がひたすら過激なってしまったり、逆になあなあになってしまったり。議論をする際には、事前に言葉を定義し、議題を提示し目的を整理しておくことが大事です。」

「たとえば、安全に関するリスクコミュニケーションにおいては、「安全」というのはどういうことかという事からお互いに確認しておかなくてはなりません。安全という言葉を多くの人が使っていますが、安全とはどのようなことをいうのかということは、以外と共有されていません。試しに、安全の定義を調べてみてください。色々ありますよ。」たしかに、そこが一番の基本ですね。

「良い成果を出すためには正しく問うことが必要です。特に、リスクコミュニケーションでは、正しい問題の設定の仕方が大事です。相手が不安がっているのなら、本当は何が不安なのか、何に困っているのだろうか、見極めてください。次に、それは自分が解ける問題だろうかと、本質的なことを問うてみることです。相手の問題をすべて自分が解けるものとして受け入れようとするからうまくいかない。相手の問題は、あなたが解決すべき問題なのか、あるいはあなたが解決可能なのか、冷静に考えましょう。」

○キャプション:野口和彦　横浜国立大学リスク共生社会創造センター長

＜参考情報＞

○野口和彦（のぐちかずひこ）

1978年3月東京大学工学部航空学科卒。1978年4月株式会社三菱総合研究所入社。2005年12月安全政策研究部長、参与を経て、研究理事に就任。2011年4月国立大学法人横浜国立大学客員教授に就任。2014年4月国立大学法人横浜国立大学大学院環境情報研究院教授に就任。2015年10月リスク共生社会創造センターセンター長に就任。

著書

『そこが知りたい！危機管理』（共著、オーム社、1996年）、『リスクマネジメントガイド』（共著、日本規格協会、2000年）、『リスクマネジメントシステム構築ガイド』（共著、日本規格協会、2003年）『リスクマネジメント―目標達成

を支援するマネジメント技術』（日本規格協会、2009年）『リスク三十六景―リスクの総和は変わらない　どのリスクを選択するかだ』（日本規格協会　2015年）

○国立大学法人横浜国立大学リスク共生社会創造センター
（Center for Creation of Symbiosis Society with Risk）

　本センターは、21世紀社会におけるリスク対応の在り方を研究し、対応策の社会実装（規制・基準・ガイドの具体的な提案、実用化技術・システムの提案・提供、安全・安心を含むリスク教育、その他、社会にリスク共生社会を実現するための活動）に寄与することを目的とし、横浜国立大学がこれまで目指してきた安全・安心の実現と共に活力ある社会を「リスク共生社会」と名付け、その社会の実現を目指しています。

　本センターでは、リスク共生社会の実現のための必要な研究・技術の実装の為に、まず活動を通じ21世紀社会におけるリスク対応の在り方を研究し、リスク共生社会創造学の構築を行い、新たな学問領域の創生に寄与致していきます。

　そして、本学および他の機関によって実施されている研究・技術開発が社会実装に至らない原因・課題を明らかにして、その対応策を学内外の機関との連携のもとに検討を行った上で、さらに実装化の課題を明らかにします。

　この一連の活動の為に、本センターでは、まず、学内外の

有識者・専門家によるリスク共生社会コンソーシアムを発足し、リスク共生社会像と実現すべき技術を議論していき、さらに、その議論を受けて、リスク共生社会創造学を構築するワーキンググループと技術を社会に実装していくWG（ワーキンググループ）をテーマごとに立ち上げ、社会実装活動を推進していく活動をおこなっていきます。

URL：http://www.anshin.ynu.ac.jp/

〒240-8501　神奈川県横浜市保土ヶ谷区常盤台79―5

横浜国立大学　自然科学系総合研究棟Ⅰ　5 F　501号室

リスク共生社会創造センター事務室

電話：045-339-3776　メール：risk.center@ynu.ac.jp

---- コーヒーブレーク ----

不安の大きさを決める方程式

宇於崎裕美

　人の不安感の大きさは、実際の危険の大きさと同じではない、ということはだれもが気づいていることでしょう。昔、私はある手術を受けました。そのとき執刀医は「大丈夫、大丈夫。こんなの簡単な手術ですから20分で済みますよ」と私に声をかけてきました。そのとき、私は不安で仕方がありませんでした。励ますつもりの善意の言葉が、妙にしゃくに障りました。私は「先生にとってはありふれた手術かもしれませんが、私にとっては初めてのことなのです！」と大声を上げました。先生に「あ、ごめん」と謝られたところまでは覚えています。その後、すぐに麻酔が効いてきて、目が覚めたときには手術は無事終了していました。

　人の感じ方はさまざまです。だれかにとってのあたりまえが、他のだれかにとっては大きな不安材料となります。実は、不安の大きさを決める方程式というものが世の中にはあります。精神科の医師である最上悠氏が著書の中で紹介しています＊。人の不安あるいは恐怖感というものは、「実際の危険」を、「本人の対応能力」×「周囲のサポート」で割ったものだというのです。この本に出会い、私は自分の不安感について客観的にとらえることができるようになりました。なんとなくこわいのは、私自身の対応能力が小さいからなのか、サポートがないからなのか。そこのところを分析すると対応策が見えてきます。両方あるいはどちらかを増やせばいいのです。

　この方程式に当てはめると、専門家は、「本人の対応能力」が高い＝つまり、分母が大きいので、導き出される答えは小さくなり、あまり不安を感じません。一方、一般人は、自分の対

応能力を低く見積もりがちですし、「周囲のサポート」といっても何があるのか知らない＝つまり、分母が限りなく小さくなります。分子である「実際の危険」を小さい分母で割るので、結果的に不安や恐怖感がとてつもなく大きくなってしまいます。

　事業者がリスクコミュニケーションを行うとき、科学的に見積もった実際の危険だけを世間に説明し、「ね、そんなに大きくないでしょ」と言ってもだめなのです。おそらく多くの人の「本人の対応能力」は事業者の担当者よりずっと小さいでしょう。他人の対応能力はどうにもならないかもしれませんが、「周囲のサポート」については事業者や行政のほうでも提供できます。相手の不安感を少しでも小さくするために、説明時には、危険だけではなく、サポートについても紹介するようにしてくださいね。

＊「イヤな気分をうまく手放す気持ちの切り替え方」（精神科医　最上悠著　PHP研究所）

不安（恐怖感）の大きさはどう決まるか

$$\text{不安（恐怖感）} = \frac{\text{実際の危険}}{\text{本人の対応能力} \times \text{周囲のサポート}}$$

不安や恐怖の大きさは、危険の大きさそのものだけではなく、本人の対応能力や周囲のサポートによっても大きく左右される。

（出典：精神科医　最上悠著「イヤな気分をうまく手放す気持ちの切り替え方」PHP研究所）

第 8 章

一から始めるリスクコミュニケーション
―私ならこうする

4名の専門家のご意見をうかがった上で、私ならどのようにリスクコミュニケーションをしていくだろうとかと考えました。

自分が、どこかの組織に属しリスクコミュニケーション担当者に抜擢されたと仮定して、どのように仕事を進めて行くべきだろうか想像してみました。分野やテーマが何であれ、リスクコミュニケーションを一から始め、続けていくためには、下記のようなアクションが必要になるでしょう。

1. 今やろうとしているリスクコミュニケーションの意味は何か考える
   ・自分の属する組織（事業者）はなぜ、今、リスクコミュニケーションをしなくてはならないのか
   ・リスクコミュニケーションをして、事業者は何をしよう

としているのか
・それは社会にとってどういう意義があるのか
・自分はその意義について理解あるいは共感できるのか

2．自分の役割を確かめる
・自分の属する組織は自分に何を期待しているのか
・それは自分あるいは社会が求めることと矛盾しないか
・何をもって組織は自分の成果を認めるのか（どうすれば自分は組織から認めてもらえるのか）

3．リスクコミュニケーションで伝えたいメッセージはなんなのか確かめる
・ただ「科学的には安全です」ではないはず
・リスクのトレードオフについて、他人に堂々と説明できるように整理する
　　—リスクはどんなものでどういうデメリットがあるのか、なぜそのリスクをとってまで事業を進めたいのか
　　—それは社会的にどういう意義があり、人々にどんなメリットがあるのか
・リスクがクライシスになったとき（事件・事故・災害になってしまったとき）、どのような対策があるのか、またそれがどのくらい有効なのか考え、他人に説明できる

ように整理する
・最悪の事態について想定し、それをいつ、だれに、いかに伝えるのか検討し、決めておく（⇒クライシスコミュニケーションの備えをする）

4．リスクコミュニケーションの対象は誰か見極める
・自分が属する組織にとって重要なステークホルダー（利害関係者）は誰か
・重要なステークホルダーに影響を与える者（インフルエンサー、オピニオンリーダー）は誰か
・対象となる人々はどういう価値観やプロフィールを持っているのか

5．メッセージを伝えるための資料やツールを整える
・印刷物（小冊子、パンフレット、チラシ、書籍等）
・ネット（ホームページ、SNS等）
・PR動画（YouTube等）

6．**メッセージを直接、対象者に伝えるための方法を考え、実行する**
・対象者を集めた説明会を開く
・説明会ではファシリテーター（中立的な立場で議事を進行し、参加者の意見を引き出す人）を立てる

・有識者を招いた講演会、シンポジウムを企画する
・会社や事業に親しみを持ってもらうための楽しいイベントを自ら企画、あるいは地元のお祭りなどに参加する
・個別訪問して説明する
・手紙を送る等

7．メディア報道を通してメッセージを伝える
・メディアリスト、記者リストを整備する
・記者にアプローチし、現状と自分の組織の考え方を伝える
・上記5のツールを記者に提供する
・上記6についてのプレスリリースを配る
・記者会見、記者説明会を開く
・個別取材を設定する
・記者の意見を聞く
・信頼できる記者と本音で語り合う

8．**対象者が何を思って何を考えているのか聞く、調べる**
・対象者を集めた説明会でヒアリングやアンケートを実施する
・インターネット調査や意識調査を行う
・報道やネットの口コミを分析する
・記者一人ひとりに聞き込み調査（メディアオーディッ

ト）を行う
・個別訪問して聞き出す
・調べた結果を分析し、前出の活動（5．メッセージを伝えるための資料やツールを整える、6．メッセージを直接、対象者に伝えるための方法を考え、実行する、7．メディア報道を通してメッセージを伝える）について見直す、修正する

9. 反対、不満、不安に対する対応策を考え、備えておく
・反対意見、不満にどこまで対応すべきなのか見極める
・自分や自分の組織が負うべきものか、解決できるものなのかを考える
・反対、不満の本当の理由は何なのか見極める
・科学的な説明だけで終始しない。相手の感情に寄り添う努力をする
・なぜ不安なのかを聞き出す、調べる
・不安の原因が自分たちにあるのか見極める
・相手の不安の原因が、自分たちに起因していない場合の対応を決める
・毅然とした態度をとるというのも選択肢に入れる

10. 理解者を作る、仲間を増やす
・自分たちの主張を後押ししてくれる外部の有識者を発掘

し、関係構築をする
・リスクコミュニケーションの対象者の中から理解者を見つけ、関係を強化する
・記者と友達になる

すべて実行するのはたいへんそうです。膨大なエネルギーが必要なことは明らかです。熱意と覚悟がないとやっていけませんね。

そのために大事なのは、私は上記の「１．今やろうとしているリスクコミュニケーションの意味は何か考える」ことではないかと思います。「社会にとってどういう意義があるのか」「自分はその意義について理解あるいは共感できるのか」・・・ここがあやふやだと、分野やテーマがなんであっても、リスクコミュニケーションを仕事として行うことは、迷いが多すぎて担当者はつらくなるでしょう。

また、「２．自分の役割を確かめる」ことも非常に難しいのではないかと想像します。

「第７章　リスクコミュニケーションの本質」で野口先生がおっしゃたように担当者として自分の位置づけを明確にし権限と義務を理解していなければ、住民説明会などに出てもあいまいなことしか言えず、かえって信頼を失うことになりかねません。

「３．リスクコミュニケーションで伝えたいメッセージはなんなのか確かめる」ということについては、「第４章　食

のリスクコミュニケーション」に登場する山崎先生の考え方が大いに参考になると思います。

「4．リスクコミュニケーションの対象は誰か見極める」「5．メッセージを伝えるための資料やツールを整える」「6．メッセージを直接、対象者に伝えるための方法を考え、実行する」については、山崎先生や、「第5章　保育園のリスクコミュニケーション」の掛札氏がさまざまな手法を実践されています。

「7．メディア報道を通してメッセージを伝える」については、「第6章　リスクコミュニケーションにおけるメディア対応」で、毎日新聞　小島編集委員が豊富な事例とともに具体策を提示してくださっていますので、もう一度、振り返ってみてください。

「8．対象者が何を思って何を考えているのか聞く、調べる」「9．反対、不満、不安に対する対応策を考え、備えておく」は、万一、事件・事故・災害が起きてしまったときのクライシスコミュニケーションの備えにもなります。クライシスコミュニケーションの詳細については、拙著「不祥事が起こってしまった！」「クライシス・コミュニケーションの理論と実践」（いずれも経営書院）を参照してください。

そして、「10．理解者を作る、仲間を増やす」は、リスクコミュニケーションの作業の最終段階でもあり、ここまで到達できればそのリスクコミュニケーションはうまくいってい

るという証にもなると思います。

おわりに

　本書の執筆はたいへん骨が折れました。構想を立てたのは３年前、企画書を作り出版社に相談したのは２年前。なかなか筆が進みませんでした。単に忙しかったからというだけではなく、リスクコミュニケーションというテーマがとても難しかったからです。

　リスクコミュニケーションというものは、概念があいまいで、手法が確立されているわけでもなく、わからないことが多くて、つかみどころがありません。

　それに比べて、事件・事故が起こった直後に行うクライシスコミュニケーションは、とても明快です。例えていうと外科手術のようなものです。外科手術はすばやく処置すること、病巣を完全に摘出することが肝要です。クライシスコミュニケーションもスピードが大切で、膿は早く出し切ることが理想とされています。成功か失敗かがすぐにわかるところも似ています。どちらも成功すれば、短期間にすっきりと立ち直ることが可能です。

　リスクコミュニケーションはより複雑です。取材から得た膨大な情報を私のなかで消化するのにとても時間がかかりました。

　本書を書き終えて思うことは、リスクコミュニケーションは漢方薬による体質改善に似ているということです。どちら

もすぐには効果がわからないけれども、あきらめずにずっと続けなくてはなりません。

　漢方薬は体質によって合う合わないがあるようですが、リスクコミュニケーションのとらえ方や手法も状況によって効果の出方が違うでしょう。最適な方法を見つけるまでは、より多くの情報をもとにとにかく試してみなければなりません。それゆえ本書では、異業種異分野からさまざまな事例とアドバイスを集め、それらをより具体的に紹介するようにしました。読者の皆さんの組織や状況に合いそうな考え方や策を本書の中から見つけてくだされればうれしいです。そして、皆さんがそれを継続し効果を実感できる日がやってくることを願っています。

　今回、ご多忙にもかかわらず取材にご協力くださった、食の安全と安心を科学する会の山崎毅理事長、保育の安全研究・教育センターの掛札逸美代表理事、毎日新聞東京本社生活報道部の小島正美編集委員、横浜国立大学リスク共生社会創造センターの野口和彦センター長に心から御礼を申し上げます。日本を代表するリスクコミュニケーションのスペシャリスト四氏から多大なるご協力を得られ、ほんとうに光栄です。

　そして、忍耐強く私の原稿を待っていてくださった㈱産労総合研究所　出版部　経営書院に感謝いたします。

2018年3月
宇於崎裕美

著者略歴
宇於崎裕美(うおざきひろみ)

横浜国立大学工学部安全工学科卒。つくば科学万博、リクルート、電通パーソン・マーステラ等勤務を経て1997年、有限会社エンカツ社を設立。現在、エンカツ社代表取締役社長。横浜国立大学非常勤講師。
著書:「不祥事が起こってしまった!― 企業ブランド価値を守るクライシス・コミュニケーション」(2007年 経営書院)、「クライシス・コミュニケーションの考え方、その理論と実践」(2011年 経営書院)
共著:「人と組織の心理から読み解くリスク・コミュニケーション」(2012年 日本規格協会)

リスクコミュニケーションの現場と実践

―――――――――――――――――――――――――――――――――――
2018年4月30日　第1版　第1刷発行　　　　　定価はカバーに表示してあります。

著　者　宇於崎　裕　美

発行者　平　　盛　之

㈱産労総合研究所
発行所　出版部　経営書院

〒112-0011
東京都文京区千石4―17―10　産労文京ビル
電話03(5319)3620　振替 00180-0-11361

―――――――――――――――――――――――――――――――――――
落丁・乱丁はお取替えいたします　　　　印刷・製本　中和印刷株式会社

ISBN978-4-86326-258-4